# Checker Can
# Das Quizbuch

# Checker Can

# Das Quizbuch

# Inhaltsverzeichnis

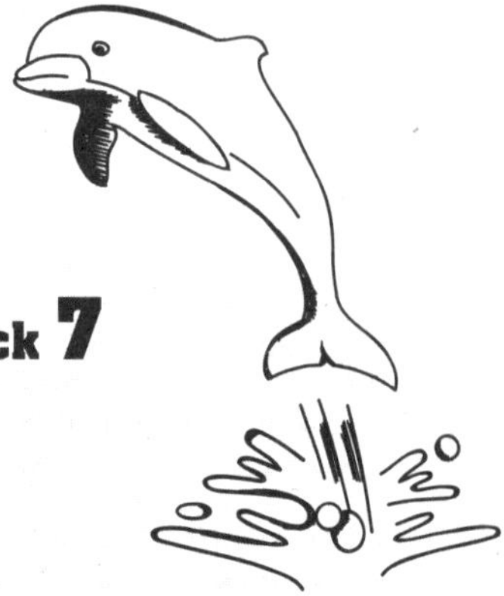

POLIZEI

# Der Tiere-Check

**1. Wo werden Walbabys geboren?**

a. im Meer

b. am Strand

c. im Süßwasser

**2. Wie kann man beim Regenwurm Männchen und Weibchen unterscheiden?**

a. an der Größe

b. an der Hautverdickung, dem sogenannten Gürtel

c. gar nicht

**3. Wie heißen die verwilderten Pferde Nordamerikas?**

a. Tinker

b. Brumbys

c. Mustangs

**4. Was passiert, wenn eine Amsel von einem Regenwurm nur die Hälfte frisst?**

a. Mit dem Hinterteil kann er weiterleben.

b. Er stirbt.

c. Mit dem Vorderteil kann er weiterleben.

**5. Wie hoch kann der Bau der Roten Waldameise werden?**

a. bis zu 40 cm hoch
b. bis zu 2 m hoch
c. bis zu 5 m hoch

**6. Welche Pferde werden für die Spanische Hofreitschule in Wien gezüchtet?**

a. Oldenburger
b. Friesen
c. Lipizzaner

**7. Wie viele Tiere leben im Bau der Roten Waldameise?**

a. bis zu zwei Millionen Tiere
b. bis zu 500 Tiere
c. bis zu 1.000 Tiere

**8. Was können Pflanzen, Tiere aber nicht?**

a. ihre Energie selbst herstellen
b. im Wasser atmen
c. in der Erde leben

**9. Wie viele Beine haben Insekten?**

a. acht Beine
b. sechs Beine
c. vier Beine

**10. Wie viele Junge bringt eine Walmutter gleichzeitig auf die Welt?**

a. drei
b. vier bis fünf
c. eines

**11. Wie viele Flügel haben die meisten Insekten?**

a. zwei
b. sechs
c. vier

**12. Wie groß wird der Riesenbockkäfer, die längste Käferart der Welt?**

a. bis zu 12 cm
b. bis zu 17 cm
c. bis zu 25 cm

**13. Wie heißt das einzige, heute noch lebende echte Wildpferd?**

a. Przewalski-Pferd
b. Gorbatschow-Pferd
c. Putin-Pferd

**14. Wie heißt der größte Käfer Europas?**

a. Maikäfer
b. Mistkäfer
c. Hirschkäfer

**15. Welches Tier ist kein Raubtier?**

a. Löwe
b. Tiger
c. Nashorn

**16. Wie töten Riesenschlangen ihre Beute?**

a. durch Umschlingen
b. durch Biss
c. durch Gift

**17. Wer geht auf den Zehenspitzen?**

a. Affen
b. Pferde
c. Bären

**18. Wie tief können Kaiserpinguine tauchen?**

a. bis 35 m
b. bis 150 m
c. bis 535 m

**19. Wer hat besonders große Ohren?**

a. der Afrikanische Elefant
b. der Waldelefant
c. der Asiatische Elefant

**20. Was kennzeichnet Säugetiere?**

a. Sie saugen Nektar aus Pflanzen.
b. Sie säugen ihre Jungtiere mit Milch.
c. Sie haben einen Schwanz.

**21. Was sind Wirbeltiere?**

a. Tiere mit Wirbelsäule

b. Tiere mit Wirbelhaaren

c. große Säugetiere und Haustiere

**22. Wie groß ist das kleinste Wirbeltier der Welt?**

a. 5 cm

b. 2 cm

c. 7 mm

**23. Bei welcher Ponyrasse gibt es die Sektionen A, B, C und D?**

a. beim Island-Pferd

b. beim Shetland-Pony

c. beim Welsh-Pony

**24. Wie groß ist das größte Wirbeltier der Welt?**

a. bis 33 m

b. bis 20 m

c. bis 10 m

**25. Wovon ernähren sich Koalas fast ausschließlich?**

a. von Eukalyptusblättern
b. von Insekten
c. von Mäusen

**26. Wie viele Junge bringt ein Känguruweibchen zur Welt?**

a. drei
b. zwei
c. eines

**27. Welches in Mitteleuropa lebende Tier ist eine Giftschlange?**

a. die Ringelnatter
b. die Schwarznatter
c. die Kreuzotter

**28. Wie viele Flügelschläge machen Kolibris beim Fliegen?**

a. bis zu 90 Flügelschläge pro Sekunde
b. bis zu 40 Flügelschläge pro Sekunde
c. bis zu 20 Flügelschläge pro Sekunde

**29. Wovon ernähren sich Walbabys?**
a. von Plankton
b. von Muttermilch
c. von Muscheln

**30. Wie wird man Affenchef?**
a. Man muss der größte Affe sein.
b. Man muss der älteste Affe sein.
c. Man muss der beliebteste Affe sein.

**31. Wo leben Flusspferde?**
a. in langsam fließenden Gewässern in Afrika
b. in asiatischen Flüssen
c. in Seen in Südamerika

**32. Ab welcher Körpertemperatur hat ein Pferd Fieber?**
a. ab 33 °C
b. ab 39 °C
c. ab 44 °C

## 33. Wie schwer wird ein Flusspferd?

a. 1.500–2.000 kg

b. 500–800 kg

c. 2.700–4.500 kg

## 34. Bei welcher Elefantenart haben auch die Weibchen Stoßzähne?

a. beim Afrikanischen Elefanten

b. beim Asiatischen Elefanten

c. beim Waldelefanten

## 35. Was können Elefanten nicht?

a. frieren

b. schwitzen

c. hören

## 36. Wo leben Tiger?

a. in Afrika

b. in Asien

c. in Europa

**37. Wodurch kann ein Pferd Angst zeigen?**

a. durch starkes Schwitzen
b. durch lautes Schmatzen
c. durch schnelles Kopfschütteln

**38. Wie lange bleiben Tigerjunge bei ihren Müttern?**

a. bis zu drei Jahre
b. bis zu einem Jahr
c. bis zu drei Monate

**39. Welches Raubtier ernährt sich von Pflanzen?**

a. der Pandabär
b. der Eisbär
c. der Braunbär

**40. Wo leben Grizzlybären?**

a. in Südamerika
b. in den Rocky Mountains
c. in Grönland

**41. Wie schlafen Pinguine?**

a. Sie liegen während des Tiefschlafs auf dem Bauch.

b. Sie schlafen gar nicht.

c. Sie dösen beim Sitzen an Land.

**42. Wie viele Nasenlöcher haben Bartenwale?**

a. eines

b. zwei

c. drei

**43. Welche Katzenrasse hat ein langhaariges Fell?**

a. die Kartäuserkatze

b. die Angorakatze

c. die Siamkatze

**44. Welche Vogelarten können nicht fliegen?**

a. Hühner

b. Pinguine und Laufvögel

c. Kolibris

**45. Was können Giraffen gar nicht gut?**
a. ihren Hals strecken
b. schnell rennen
c. schwimmen

**46. Wohin legt das Kuckucksweibchen seine Eier?**
a. in eine Bruthöhle
b. in ein fremdes Nest
c. in ein Bodennest

**47. Was muss ein Dressurpferd beherrschen?**
a. den Tempowechsel
b. den Seitenwechsel
c. den Wildwechsel

**48. Welche Krokodilart kann bis zu 10 m lang werden?**
a. der Brillenkaiman
b. das Leistenkrokodil
c. der Mississippi-Alligator

**49. Wie schwer werden männliche Eisbären?**

a. 300–800 kg
b. etwa 1.000 kg
c. 1.000–1.300 kg

**50. In welcher Entfernung können Buckelwale die Töne ihrer Artgenossen noch hören?**

a. in 500 m Entfernung
b. in 10 km Entfernung
c. einige 1.000 km weit entfernt

**51. Wie schnell können Delfine schwimmen?**

a. bis ca. 10 km pro Stunde
b. bis ca. 55 km pro Stunde
c. bis ca. 90 km pro Stunde

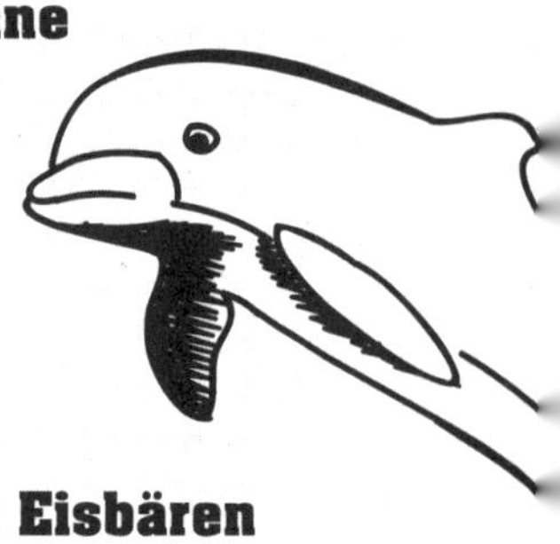

**52. Wo bekommen weibliche Eisbären ihre Jungen?**

a. auf dem Eis
b. in Erd- oder Schneehöhlen
c. im Wasser

**53. Wie viele Knochen besitzt ein Pferd?**

a. rund 60
b. rund 100
c. rund 250

**54. Welche Hautfarbe haben Eisbären unter ihrem Fell?**

a. schwarz
b. braun
c. weiß

**55. Wie finden Zugvögel den richtigen Weg?**

a. mit ihrem Gehör
b. mit ihrem Geruchssinn
c. mit ihrem Magnetsinn

**56. Wie kommt das Küken aus dem Ei?**

a. mit den Füßen zuerst
b. mit dem Kopf voran
c. mit dem Eizahn

**57. In welchem Teil der Erde kommen Pinguine nicht vor?**

a. auf der Nordhalbkugel
b. auf der Südhalbkugel
c. Sie kommen auf der Süd- sowie auf der Nordhalbkugel vor.

**58. Wie heißt die kleinste Vogelart der Welt?**

a. Zwergkolibri
b. Riesenkolibri
c. Bienenelfe

**59. Was ist typisch für einen Rochen?**

a. die sichelförmigen Flossen
b. das hammerartige Maul
c. der abgeflachte Körper und flügelähnliche Flossen

**60. Wieso stinkt ein Pups?**

a. damit andere weglaufen
b. weil stinkendes Gas entwischt
c. weil sich die Tiere an dem Geruch erkennen können

**61. Welches Merkmal ist typisch für fast alle Kriechtiere?**

a. Haut mit Hornschuppen
b. Zehen mit Krallen
c. schwanzloser Körper

**62. Wie heißen die größten Würgeschlangen der Welt?**

a. Große Anakonda und Netzpython
b. Wasser- und Papuapython
c. Abgottschlange und Gelbe Anakonda

**63. Welche Fähigkeit ist allen Pferden angeboren?**

a. zu schwimmen
b. oft und gerne zu springen
c. zu zählen

**64. Welche ist die giftigste Landschlange der Welt?**

a. die Diamantklapperschlange
b. die Indische Kobra
c. der Inland-Taipan

## 65. Welches Tier hat die längsten Krallen?

a. der Tiger
b. das Riesengürteltier
c. der Riesenadler

## 66. Was fressen Kängurus?

a. Pflanzen
b. Aas
c. Fleisch

## 67. Wie groß können Riesenschlangen werden?

a. bis zu 10 m lang
b. bis zu 3 m lang
c. bis zu 5 m lang

## 68. Wie orientieren sich Delfine?

a. Sie haben gute Augen.
b. Sie orientieren sich an Schallwellen.
c. Sie merken sich bestimmte Markierungspunkte.

**69. Wie atmen Meeresschnecken?**

a. mit Lungen
b. mit Kiemen
c. gar nicht

**70. Welche Kriechtiere werden besonders alt?**

a. Schlangen
b. Warane
c. Schildkröten

**71. Warum rufen Kröten und Frösche im Frühling?**

a. um Männchen anzulocken
b. um Feinde abzuschrecken
c. um Weibchen anzulocken

**72. Welches Tier ist das größte Landraubtier Afrikas?**

a. der Tiger
b. der Löwe
c. der Braunbär

**73. Wie viele Beine haben Spinnentiere?**

a. acht

b. sechs

c. vier

**74. Wie viele Zähne besitzt ein ausgewachsenes Pferd normalerweise?**

a. 14

b. 28

c. 36

**75. Woher stammt das Gift der Pfeilgiftfrösche?**

a. Es wird in Drüsen gebildet.

b. Es stammt von giftigen Pflanzen.

c. Es stammt von giftigen Beuteinsekten.

**76. Was fressen Austern?**

a. junge Fische

b. Würmer

c. Plankton

**77. Welcher Hai lebt in der Nordsee?**

a. der Hammerhai
b. der Weiße Hai
c. der Dornhai

**78. Wie viele anerkannte Pferderassen gibt es etwa auf der Welt?**

a. rund 60
b. rund 200
c. rund 800

**79. Was zeigt eine Hauskatze mit einem aufgeplusterten Schwanz?**

a. Freude
b. Überraschung
c. Angriffslust

**80. Wohin legen Krokodile ihre Eier?**

a. in den heißen Sand
b. in Wasser
c. in Nester

**81. Welche ist die größte lebende Vogelart?**

a. der Strauß
b. der Adler
c. der Albatros

**82. Wie groß werden die männlichen Giraffen?**

a. bis zu 8 m
b. bis zu 5,50 m
c. bis zu 4,80 m

**83. Wo versteckt die Feldlerche ihr Nest?**

a. im Gebüsch
b. auf Bäumen
c. am Boden

**84. Wie viele Eier kann ein Haushuhn pro Jahr legen?**

a. 120–150
b. 250–300
c. 85–115

# Der Erfinder- und Erfindungen-Check

**1. Auf welchem Kontinent wurden die ältesten Steinwerkzeuge gefunden?**

a. Afrika

b. Australien

c. Europa

**2. Wann wurde der Faustkeil erfunden?**

a. im Mittelalter

b. in der Antike

c. in der Altsteinzeit

**3. Wo wurden um 1900 die ersten Rolltreppen gebaut?**

a. in den USA

b. in England

c. in Frankreich

**4. Wo wurde der älteste Bumerang der Welt gefunden?**

a. in Australien

b. in Afrika

c. in Polen

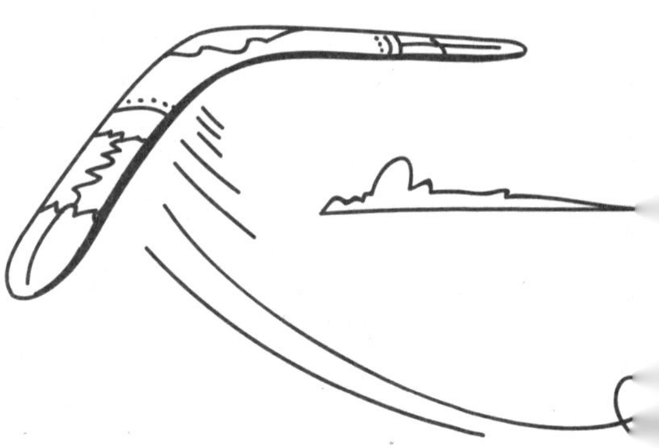

**5. Wer erfand 1591 die Toilette mit Wasserspülung?**

a. Tom Cruise
b. John Harington
c. Galileo Galilei

**6. Wer erfand das Fernrohr?**

a. Alexander der Große
b. Kopernikus
c. Hans Lipperhey

**7. Wer erfand das Sicherheitsstreichholz?**

a. Johnny Cash
b. Carl Friedrich Benz
c. Rudolf Christian Boettger

**8. Welcher italienische Künstler schuf schon um 1500 das Modell eines zweirädrigen Fahrrads?**

a. Michelangelo
b. Leonardo da Vinci
c. Raffael

**9. Wo wurde der Magnetkompass erfunden?**

a. in Norwegen

b. in China

c. in Italien

**10. Wer besitzt das Patent für die Erfindung des Telefons?**

a. Antonio Meucci

b. Leonardo DiCaprio

c. Alexander Graham Bell

**11. Wo trug man um 1500 v. Chr. die ersten Schuhe aus Leder, die den Fuß ganz umschlossen?**

a. in Norditalien

b. in China

c. in Mesopotamien

**12. Wie viele Räder hatten die ersten Rollschuhe?**

a. sechs

b. vier

c. zwei

**13. Wie heißt das Fluggerät, das der deutsche Ingenieur Otto Lilienthal entwickelte?**

a. Motorflugzeug
b. Starrflügelgleiter
c. Segelflugzeug

**14. Wo wurde das erste vollelektronische Fernsehbild gezeigt?**

a. in Tokio
b. in Berlin
c. in New York

**15. Was wandelt die Dampfmaschine in mechanische Energie um?**

a. die Wärmeenergie des Dampfs
b. die Muskelkraft
c. die Zugkraft

**16. Wie heißt der Erfinder des Feuerzeugs?**

a. Johann Wolfgang Döbereiner
b. Louis Armstrong
c. Robert Koch

**17. Wann wurde der erste klecksfreie Kugelschreiber erfunden?**

a. 1950
b. 1704
c. 1938

**18. Wer erfand das Brot?**

a. die Römer
b. die Griechen
c. die Ägypter

**19. Woraus waren die ersten Räder hergestellt?**

a. aus Holz oder Stein
b. aus Gummi oder Kautschuk
c. aus Aluminium oder Bronze

**20. Welches Tier wurde schon um 3.500 v. Chr. zum Tragen von Lasten genutzt?**

a. das Kamel
b. der Elefant
c. der Esel

**21. Wo wurde erstmals Zuckerwatte hergestellt?**

a. im alten Rom
b. in den USA
c. in Kenia

**22. Seit wann wird Seife zum Waschen verwendet?**

a. seit der Eiszeit
b. seit der Römerzeit
c. seit dem Mittelalter

**23. Wer hat den Regenschirm erfunden?**

a. Mary Poppins
b. Samuel Fox
c. Galileo Galilei

**24. Wo wurde der Gameboy® erfunden?**

a. in Japan
b. in den USA
c. in England

**25. Wer hat den Brauch des Adventskranzes eingeführt?**

a. Johannes Baptist Kerner
b. Johann Hinrich Wichern
c. Johann Sebastian Bach

**26. Wer baute 1804 die erste Dampflokomotive?**

a. ein Schweizer
b. ein Engländer
c. ein Deutscher

**27. In welchem Land wurden Konservendosen erstmals hergestellt?**

a. in England
b. in Frankreich
c. in Deutschland

**28. Auf welchem Kontinent wurde der Reißverschluss erfunden?**

a. in Amerika
b. in Europa
c. in Afrika

**29. Wer baute 1859 den ersten Kühlschrank?**

a. Friedrich Schiller
b. Daniel Kühleis
c. Ferdinand Carré

**30. Welche Lichtquellen waren schon um 3.000 v. Chr. bekannt?**

a. Glühlampen
b. Kerzen
c. Petroleumlampen

**31. Wer besitzt das Patent für den ersten funktionsfähigen Toaster?**

a. ein Amerikaner
b. ein Engländer
c. ein Grieche

**32. Was konnten die 1961 erfundenen Industrieroboter nicht?**

a. ihre Arme bewegen
b. Autos schweißen
c. ihre Umgebung wahrnehmen

**33. Wann wurde der erste Dynamo erfunden?**

a. 1866

b. 1900

c. 1760

**34. Wer baute 1882 in New York das erste öffentliche Stromversorgungsnetz?**

a. Frank Sinatra

b. Thomas Edison

c. Levi Strauss

**35. Wer baute das erste Auto?**

a. Carl Benz

b. Rudolf Diesel

c. Rudi Raser

**36. Wer erfand die Zehnerzahlen?**

a. die Kelten

b. die Sumerer

c. die Ägypter

**37. Was wurde als Zahlungsmittel genutzt, bevor es Münzen gab?**

a. Muscheln und Steine
b. Scherben
c. Blätter

**38. Womit begründete Margarete Steiff ihren Erfolg?**

a. mit der Herstellung von Süßigkeiten
b. mit der Herstellung von Teddybären
c. mit der Erfindung der Glühbirne

**39. Wer erfand 1935 das Brettspiel „Monopoly®"?**

a. ein Finne
b. ein Engländer
c. ein Amerikaner

**40. Aus was stellte man in der Mittel- und Jungsteinzeit Gefäße her?**

a. aus Plastik
b. aus gebranntem Ton
c. aus Glas

**41. Welches frühe Volk kannte das Rad nicht?**

a. die Inuit
b. die Tutsi
c. die Indianervölker der Maya und Azteken

**42. Aus was wurden die ersten Kaugummis hergestellt?**

a. aus Chicle
b. aus Kautschuk
c. aus Fichtenharz

**43. Wann wurden die Röntgenstrahlen entdeckt, die zur Entwicklung des Röntgengeräts führten?**

a. 1895
b. 1910
c. 1930

**44. Wer erfand 1752 den Blitzableiter?**

a. George Washington
b. James Watt
c. Benjamin Franklin

**45. Wie lange blieb das 1903 von den Brüdern Wright gebaute Flugzeug in der Luft?**

a. 12 s

b. 30 min

c. gar nicht

**46. Wer erfand die Konservendose aus Metall?**

a. Nicolas Appert

b. Robert Nixon

c. Peter Gabriel

**47. Aus welchem Material wurde Papyrus hergestellt?**

a. aus Schilf

b. aus Pappelholz

c. aus Baumwolle

**48. In welchem Land wurde die erste Briefmarke hergestellt?**

a. in China

b. in Italien

c. in England

**49. Seit wann gibt es Kühlschränke für den Haushalt?**

a. seit 1913
b. seit 1830
c. seit 1607

**50. Welche Trommel hat einen Teppich?**

a. die Bass Drum
b. die Snare Drum
c. die Floor Toms

**51. In welchem Land kennt man dünne Fadennudeln schon seit über 3.500 Jahren?**

a. in China
b. in Italien
c. in Frankreich

**52. Wo wurde Kaffee erstmals angebaut?**

a. in Süditalien
b. in Äthiopien
c. in Guatemala

**53. Was wird seit 1892 in Tuben verkauft?**
a. Zahnpasta
b. Ketchup
c. Mayonnaise

**54. Aus welchem Land stammen die ältesten Puppen?**
a. aus Deutschland
b. aus Kanada
c. aus Ägypten

**55. Wo befand sich der erste moderne Schnorchel?**
a. an einem Ruderboot
b. an einem U-Boot
c. an einer Taucherbrille

**56. Wer gilt als Erfinder des Computers?**
a. Bill Gates
b. Leonard Euler
c. Konrad Zuse

**57. Seit wann gibt es Fahrräder mit Luftbereifung?**

a. seit 1808
b. seit 1908
c. seit 1888

**58. Wie viele Linsen enthielt das erste zusammengesetzte Mikroskop?**

a. zwei Linsen
b. eine Linse
c. drei Linsen

**59. Welches Streichinstrument wurde 1523 erfunden?**

a. die Harfe
b. die Violine
c. das Cello

**60. Wo wurde der Ventilator zuerst eingesetzt?**

a. in einem Restaurant
b. in einem Krankenhaus
c. in einem Bergwerk

**61. Seit wann gibt es künstliche Satelliten im All?**

a. seit 1702
b. seit 1890
c. seit 1957

**62. Womit war das erste Barometer gefüllt?**

a. mit Wasser
b. mit Quecksilber
c. mit Petroleum

**63. Wer führte 1895 einen Apparat vor, mit dem man einen Film von einigen Minuten zeigen konnte?**

a. zwei Schwestern aus Polen
b. zwei Brüder aus Frankreich
c. Zwillinge aus Deutschland

**64. Wie nennt man den Vorläufer des Klaviers, der schon im 14. Jahrhundert bekannt war?**

a. Piano
b. Flügel
c. Klavichord

## 65. Wem gelang 1826 die erste Fotografie der Welt?

a. Nicolas Agfa
b. David Kodak
c. Nicéphore Niépce

## 66. Wer erfand 1866 das Fieberthermometer?

a. Thomas Allbutt
b. Thomas Mann
c. Thomas von Aquin

## 67. Wie schwer war der erste Taschenrechner?

a. 8 kg
b. 88 g
c. 880 g

## 68. Wie wird der Viertaktmotor, der 1876 erfunden wurde, genannt?

a. Waltermotor®
b. Ottomotor®
c. Rüdigermotor®

**69. Von welchem Ort aus fuhr die erste deutsche Eisenbahn?**

a. von Berlin aus
b. von Hamburg aus
c. von Nürnberg aus

**70. Wer erfand 1902 den Staubsauger?**

a. Herbert Saugner
b. Werner von Siemens
c. Hubert Booth

**71. Wer erfand die erste Batterie?**

a. Alessandro Volta
b. André-Marie Ampère
c. Alfred Battery

**72. Aus was bestehen die heutigen Bleistifte?**

a. aus Kunststoff
b. aus Blei
c. aus einem Grafit-Ton-Gemisch

## 73. Was erfand 1908 die deutsche Hausfrau Melitta Bentz?

a. den Scheibenwischer am Auto
b. die Modezeitschrift
c. den Kaffeefilter

## 74. Wer erfand die Kontaktlinse?

a. der englische Augenarzt Dr. Alfred Jeckyll
b. der Schweizer Adolf Fick
c. der polnische Wissenschaftler Adam Schaff

## 75. Wer hat den Buchdruck in Europa erfunden?

a. Johannes Gutenberg
b. Joseph Haydn
c. Benjamin Britten

## 76. Welche Trommel hat ein Fell?

a. jede Trommel
b. das Ohr
c. nur die Snare Drum

**77. Wie wurden die ersten Omnibusse angetrieben?**

a. mit Benzinmotoren
b. mit Pferden
c. mit Dampfmaschinen

**78. Wer erfand den Klettverschluss?**

a. die alten Römer
b. die schottischen Brüder John und Hugh Stevenson
c. der Schweizer George de Mestral

**79. Was ist eine Xerografie?**

a. eine Abbildung einer biologischen Zelle
b. eine Fotokopie
c. eine Kreidezeichnung

**80. Welches Spielprinzip lag dem ersten Videospiel zugrunde?**

a. Tennis
b. Schach
c. Golf

**81. 1979 veröffentlichte die japanische Firma „Sony“ den ersten Walkman. Was war das für ein Gerät?**

a. ein elektrischer Fitnesstrainer

b. ein Spazierstock mit Kilometeranzeige

c. ein tragbares Kassettenabspielgerät

**82. Für welche Erfindung, die nie gelang, steht der Ausdruck „Stein der Weisen“?**

a. für einen durchsichtigen Stein, mit dem man in die Zukunft blicken kann

b. für eine religiöse Frage nach einem Stein, der so schwer ist, dass Gott selbst ihn nicht heben kann

c. für ein Verfahren, bei dem aus unedlen Metallen Gold hergestellt werden kann

**83. Worüber macht der Satz des Pythagoras eine Aussage?**

a. über Seitenlängen von Dreiecken

b. über die Umwandlung von Energie in Wärme

c. über die Größe des Universums

**84. Wann wurde die Computermaus als Zeige- und Bediengerät für Computer der Öffentlichkeit präsentiert?**

a. 1959
b. 1968
c. 1992

**85. Welche Erfindung war die „Leidener Flasche“?**

a. der Kondensator, ein elektrisches Bauteil
b. das kohlensäurehaltige Mineralwasser
c. die Flaschenpost

**86. Wer hat die Dusche erfunden?**

a. eine koreanische Firma für Sanitäranlagen
b. die alten Griechen
c. ein französischer Arzt

**87. In welchen beiden deutschen Städten gibt es Gedenktafeln zu Ehren von Frauen, die angeblich die Currywurst erfunden haben sollen?**

a. in Hamburg und Berlin
b. in Dortmund und Köln
c. in Dresden und Leipzig

## 88. Wer hat den Papierlocher in die Büros gebracht?

a. der amerikanische Erfinder Edwin Herbert Land
b. der schwedische Chemiker Alfred Nobel
c. der deutsche Kaufmann Friedrich Soennecken

## 89. Welche Erfindung verbindet man mit dem Namen Ferdinand Graf von Zeppelin?

a. den Nagelknipser
b. das Luftschiff
c. das Luftkissenboot

## 90. Was wurde mit der Erfindung des Flaschenzugs leichter?

a. das Heben schwerer Lasten
b. die Abfüllung von Getränken
c. die Steuerung von Zugmaschinen

## 91. Was gilt als älteste Schrift der Welt?

a. die Hieroglyphen
b. die Runen
c. die Keilschrift

**92. Wie lange dauerten 1893 die ersten Filme?**

a. etwa 20 s
b. etwa 2 min
c. etwa 5 min

**93. In welcher deutschen Stadt gab es an Weihnachten die ersten geschmückten Tannenbäume?**

a. in Berlin
b. in Hamburg
c. in Freiburg

**94. Wie hieß die Zeitung, in der 1913 das erste Kreuzworträtsel erschien?**

a. „Berliner Zeitung"
b. „Le Figaro"
c. „New York World"

**95. Wer erfand 1925 das Wattestäbchen?**

a. ein niederländischer Student
b. ein amerikanischer Geschäftsmann
c. eine englische Hausfrau

# Der Feuerwehr-Check

**1. Wie lauten die fünf „W“, die bei einem Notruf wichtig sind?**

a. Wo? Wer? Wieso? Weshalb? Warum?

b. Wer? Wo? Was? Wie viele? Warten!

c. Wo? Wer? Wann? Wie viele? Warnung!

**2. Wann gab es die erste organisierte Feuerwehr?**

a. bei den alten Ägyptern

b. im Mittelalter

c. im 17. Jahrhundert

**3. Wer ist der Chef bei einem Feuerwehreinsatz?**

a. wird durch Los bestimmt

b. immer abwechselnd ein Feuerwehrmann

c. ein ausgebildeter Einsatzleiter

**4. Wie viel Atemluft braucht ein Feuerwehrmann bei einem anstrengenden Einsatz pro Minute?**

a. 8–10 l

b. 15–30 l

c. 40–80 l

**5. Bekommen die Männer der freiwilligen Feuerwehr Geld für ihre Einsätze?**

a. ja

b. nein

c. nur bei sehr gefährlichen Einsätzen

**6. Wie lang ist eine Feuerwehrleine?**

a. 30 m

b. 50 m

c. 100 m

**7. Welche Feuerwehr gibt es in kleineren Orten und Städten?**

a. freiwillige Feuerwehr

b. Berufsfeuerwehr

c. Werksfeuerwehr

**8. Wer zur Berufsfeuerwehr gehen möchte, braucht in der Regel …**

a. … eine Grundausbildung im Krankenhaus.

b. … eine Grundausbildung beim Militär.

c. … eine abgeschlossene Berufsausbildung.

**9. Gibt es auch Frauen bei der Feuerwehr?**

a. nein

b. ja, aber wenige

c. ja, sehr viele

**10. Was sind heutzutage die häufigsten Feuerwehreinsätze?**

a. technische Hilfeleistungen

b. verschiedene Brände

c. Brandschutz

**11. Wie lange schützt Schutzkleidung den Feuerwehrmann vor Schadstoffen?**

a. etwa 30 min

b. etwa eine Stunde

c. etwa zwei Stunden

**12. Aus wie vielen Teilen besteht die Schutzausrüstung eines Feuerwehrmanns?**

a. aus zwei

b. aus drei

c. aus vier

**13. Welche maximale Temperatur hält die Sohle von Feuerwehrschuhen aus?**

a. 150 °C
b. 250 °C
c. 500 °C

**14. Verwendet die Feuerwehr noch andere Löschmittel außer Wasser?**

a. ja, bei bestimmten Einsätzen
b. ja, bei allen Einsätzen
c. ist nicht mehr üblich

**15. Muss ein Feuerwehrmann in der Ausbildung die Schutzausrüstung tragen?**

a. ja, immer
b. nur manchmal
c. nein, ist nicht nötig

**16. Woran erkennt man die Funktion eines Feuerwehrmannes?**

a. an der Farbe der Handschuhe
b. am Feuerwehrhelm
c. am Sicherheitsgurt

**17. Wie lange dauert die Ausbildung zum Berufsfeuerwehrmann?**

a. etwa zwei Jahre
b. etwa drei Jahre
c. etwa vier Jahre

**18. Welche Fahrzeuge setzt die Feuerwehr bei großen Waldbränden ein?**

a. Hubschrauber oder Flugzeuge
b. Großtanklöschfahrzeuge
c. Feuerwehrmotorräder

**19. Was braucht ein Feuer, damit es brennt?**

a. brennbaren Stoff, Sauerstoff, freie Fläche
b. brennbaren Stoff, Sauerstoff, Zündtemperatur
c. brennbaren Stoff, Sauerstoff, Benzin

**20. Wie lautet der wichtigste Befehl der Feuerwehr?**

a. Wasser marsch!
b. Wasser auf!
c. Feuer bekämpfen!

**21. Darf ein Feuerwehrmann im Notfall ohne Führerschein ein Feuerwehrauto fahren?**

a. Nein, das darf er niemals.

b. Ja, wenn kein anderer Fahrer da ist.

c. Ja, wenn es um Leben und Tod geht.

**22. Wie heißen die vier Aufgaben der Feuerwehr?**

a. Löschen, Helfen, Bewahren, Retten

b. Löschen, Bergen, Helfen, Retten

c. Retten, Löschen, Bergen, Schützen

**23. Womit wurde in früheren Zeiten ein Feueralarm verbreitet?**

a. mit einer Trommel

b. mit einer Trompete

c. mit einem Schuss

**24. Welcher römische Kaiser stellte die erste Berufsfeuerwehr zusammen?**

a. Cäsar

b. Augustus

c. Karl

**25. Wo brannte es im Mittelalter besonders häufig?**

a. auf dem Land
b. in den Wäldern
c. in den Städten

**26. Ab welchem Alter darf man zur Jugendfeuerwehr?**

a. ab 10 Jahren
b. ab 14 Jahren
c. ab 16 Jahren

**27. Warum wurde der Feuerwehrhelm aus Metall abgeschafft?**

a. weil er zu schwer war
b. weil er nicht modisch genug war
c. weil er gefährlich war

**28. Wie heißt noch heute der Schutzpatron der Feuerwehrleute?**

a. Heiliger Florian
b. Heiliger Korbinian
c. Heiliger Petrus

**29. Rettet die Feuerwehr auch Tiere?**

a. ja, aber nur Nutztiere
b. grundsätzlich alle Tiere
c. nur Zootiere

**30. Wie lautet die Notrufnummer der Feuerwehr?**

a. 112
b. 110
c. 118

**31. Woher weiß der Einsatzleiter den kürzesten Weg zum Brandort?**

a. Sein Beifahrer schaut in den Stadtplan.
b. Das lernt er in der Ausbildung.
c. Das erfährt er über Funk aus der Einsatzzentrale.

**32. Wie verhält man sich bei einem Brand in der Wohnung?**

a. Feuerwehr rufen, Tücher holen, Brand ersticken
b. Feuerwehr rufen, Wassereimer holen, Brand löschen
c. Feuerwehr rufen, sich in Sicherheit bringen, Tür zum Brandraum schließen

**33. Wie viele Feuerwehren gibt es in Deutschland?**

a. rund 12.000
b. rund 26.000
c. rund 40.000

**34. In welcher Reihenfolge werden gefährdete Menschen gerettet?**

a. dem Alter nach: der Jüngste zuerst, der Älteste zuletzt
b. der in der Nähe zuerst, der weiter Entfernte zuletzt
c. zuerst Verletzte, dann Kinder und Frauen, zuletzt Männer

**35. Welche Temperaturen erreicht das Feuer bei einem Brand in Wohngebäuden?**

a. 400 °C bis 800 °C
b. 800 °C bis 1.200 °C
c. 1.200 °C bis 1.600 °C

**36. Wie wird das Feuer an einer Brandstelle gelöscht?**

a. von oben nach unten
b. von unten nach oben
c. von links nach rechts

**37. Wie werden die Klassen, also die verschiedenen Arten von Bränden, bezeichnet?**

a. mit Buchstaben
b. mit Zahlen
c. mit Materialnamen

**38. Was passiert bei falschem Alarm?**

a. Nichts, die Feuerwehr fährt wieder zurück.
b. Die Feuerwehr macht eine Übung.
c. Der Anrufer muss Strafe bezahlen.

**39. Wie löscht die Feuerwehr die meisten Brände?**

a. durch Ausräuchern und Ersticken
b. durch Abkühlen und Ausräuchern
c. durch Abkühlen und Ersticken

**40. Was macht ein Feuerwehrmann bei Alarm als Erstes?**

a. Schutzausrüstung anziehen
b. in die Fahrzeughalle laufen
c. mit dem Feuerwehrauto losfahren

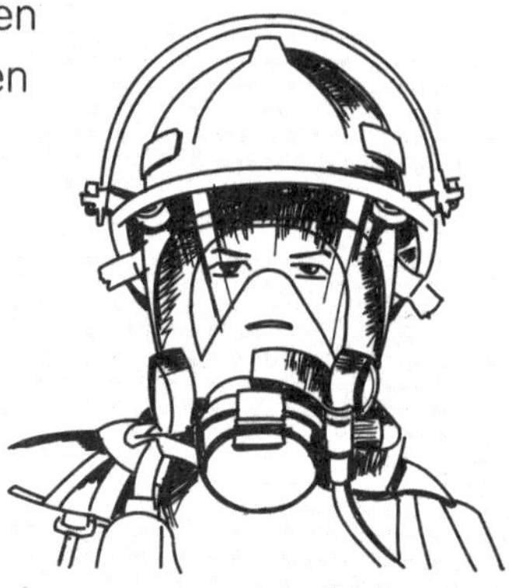

**41. Wann muss nach einem Verkehrsunfall die Feuerwehr gerufen werden?**

a. wenn Öl oder Benzin ausgelaufen ist
b. wenn es größere Blechschäden gibt
c. wenn die Polizei nicht kommen kann

**42. Wie sichert die Feuerwehr nach einem Verkehrsunfall ein umgestürztes Auto?**

a. durch Unterlegen von Holzbrettern
b. mit dem Feuerwehrkran
c. mit dem Feuerwehrhubschrauber

**43. Welche Typen von Feuerwehrschläuchen gibt es?**

a. Saug- und Pumpschläuche
b. Saug- und Kreiselschläuche
c. Saug- und Druckschläuche

**44. Wie viele Meter Schlauch befinden sich mindestens in einem Löschfahrzeug?**

a. 250 m
b. 390 m
c. 420 m

**45. Woher wissen die Feuerwehrleute, wo es Hydranten gibt?**

a. durch Pläne und Hinweisschilder
b. Sie fragen Passanten.
c. Das lernen sie in der Ausbildung.

**46. Wie erreiche ich sofort die Feuerwehr, wenn es zum Beispiel in meiner Schule brennt?**

a. durch Drücken des Feuermelders
b. durch lautes Rufen im Klassenzimmer
c. dem Direktor der Schule Bescheid sagen

**47. Wodurch verhindert die Feuerwehr, dass sich nach einem Tankerunfall Öl im Meer ausbreitet?**

a. durch Absaugen
b. durch Ölsperren
c. durch Öltaucher

**48. Was macht die Feuerwehr, um einen Bienenschwarm einzufangen?**

a. Sie versucht, den Bienen den Weg abzuschneiden.
b. Sie fängt die Bienen mit einer Schwarmkiste.
c. Sie fängt die Bienen mit einem Bienennetz.

**49. Welches Tier sorgt für die meisten Notrufe?**

a. das Huhn
b. der Igel
c. die Katze

**50. In welchem weiteren Beruf muss jeder Berufsfeuerwehrmann ausgebildet sein?**

a. Fahrlehrer
b. Arzt
c. Rettungssanitäter

**51. Aus welcher maximalen Höhe kann man im Notfall in ein Sprungtuch springen?**

a. aus 8 m
b. aus 11 m
c. aus 2 m

**52. Wann benutzt man einen Feuerlöscher?**

a. wenn man Feuerwehrmann spielen will
b. wenn die Feuerwehr keine Zeit hat
c. wenn der Brand erst im Entstehen ist

**53. Wie viel Liter Schaummittel zum Löschen hat ein großes Flughafenfeuerwehrfahrzeug an Bord?**

a.200–300 l
b.500–750 l
c. 1.500–2.000 l

**54. Bis in welche Höhe reicht die längste Drehleiter?**

a. 13 m
b. 16 m
c. 22 m

**55. Wie viele Gruppen von Feuerwehrfahrzeugen gibt es offiziell?**

a. zwei
b. sechs
c. zehn

**56. In welche Gewichtsklassen teilt man Feuerwehrfahrzeuge ein?**

a. leicht – mittel – super
b. mittel – schwer
c. sehr leicht – mittel – schwer

**57. Worauf muss die Feuerwehr bei Zimmerbränden achten?**

a. möglichst hoher Wassereinsatz
b. möglichst geringer Wassereinsatz
c. möglichst auspusten

**58. Warum sind Treppenhausbrände besonders gefährlich?**

a. weil sie die Fluchtwege abschneiden
b. weil sie sich besonders schnell ausbreiten
c. weil sie schwer zu löschen sind

**59. Wodurch zeichnet sich ein Löschfahrzeug für Tunnelbrände aus?**

a. Es ist besonders lang.
b. Es hat zwei Führerhäuser.
c. Es ist besonders niedrig.

**60. Wie lang ist der am häufigsten verwendete Feuerwehrschlauch?**

a. 20 m
b. 10 m
c. 15 m

**61. Wie viele Menschen können über eine Drehleiter in einem Rettungskorb geborgen werden?**

a. ein bis zwei Menschen
b. drei bis vier Menschen
c. acht bis zehn Menschen

**62. Wie schwer ist das größte Löschgruppenfahrzeug?**

a. 9,5 t
b. 12,5 t
c. 18 t

**63. Worauf achtet der Einsatzleiter bei jedem Befehl?**

a. Der Befehl muss kurz sein.
b. Der Befehl muss wiederholt werden.
c. Der Befehl muss in zwei Sprachen erfolgen.

**64. Wer ist auf dem Weg zum Brandort für das Feuerwehrauto verantwortlich?**

a. der Fahrer
b. der Gruppenführer
c. die Mannschaft

**65. Wie kommt ein Feuerwehrmann zum Einsatzwagen?**

a. mit dem Aufzug

b. über die Treppe

c. über eine Stange

**66. Wie viel Liter Wasser fasst der Wasserbehälter des größten Tanklöschfahrzeugs?**

a. 2.400 l

b. 4.800 l

c. 6.500 l

**67. Womit verständigen sich Feuerwehrleute bei einem Einsatz?**

a. durch lautes Zurufen

b. durch eine Signalpfeife

c. durch eine Holzrassel

**68. Welche Stoffe bilden beim Brennen eine Glut?**

a. feste Stoffe

b. gasförmige Stoffe

c. flüssige Stoffe

**69. Worauf muss die Feuerwehr beim Einsatz von Schaum und Löschpulver achten?**

a. dass der Einsatz nicht zu teuer wird
b. dass die Umwelt nicht geschädigt wird
c. dass der Einsatz nur im Freien erfolgt

**70. Wie arbeiten die Löschboote der Feuerwehr?**

a. mit Kanonen
b. mit Schläuchen
c. mit Spritzen

**71. Wie viele verschiedene Alarmstufen kennt die Feuerwehr?**

a. drei
b. fünf
c. sieben

**72. Wofür braucht die Feuerwehr Löschdecken?**

a. zum Wärmen von Personen
b. zum Ersticken von Flammen
c. zum Aufnehmen von Wasser

**73. In eindrucksvollen Demonstrationen zeigt die Feuerwehr den Bürgern immer wieder, wie leicht es zu Hause zu einer Explosion kommt, wenn brennendes Fett oder Öl gelöscht wird mit ...**

a. ... Wasser.

b. ... Sand.

c. ... einer Löschdecke.

**74. Was ist der sogenannte Flammpunkt?**

a. Die Stelle an einem brennbaren Stoff, wo zuerst eine Flamme sichtbar ist.

b. Die niedrigste Temperatur, bei dem sich über einem Stoff durch Ausdünstung ein brennbares Luft-Gas-Gemisch bilden kann.

c. Es gibt keinen Flammpunkt, sondern nur einen Siedepunkt.

**75. Woher hat das ABC-Pulver seinen Namen?**

a. Es sind die ersten Buchstaben des Alphabets.

b. Es besteht aus Ammoniumsulfat, Blei und Cäsium.

c. Es ist für die Brandklassen A, B und C geeignet.

## 76. Was ist ein Saugkorb?

a. das Endstück eines Schlauches, mit dem die Feuerwehr Wasser aus einem offenen Gewässer entnimmt
b. ein Weidenkorb, der sich mit Wasser vollgesogen hat
c. der Korb, in dem der Feuerwehrmann beim Pumpen steht

## 77. Was gehört zu (fast) jedem Hubrettungsfahrzeug?

a. ein Wassertank
b. eine Drehleiter
c. ein Wasserschlauch

## 78. Warum gibt es immer noch Feueralarm durch Sirenen oder Funkmelder, statt einfach Mobiltelefone zu benutzen, um die Kollegen zu rufen?

a. weil das zu teuer ist
b. weil das Handy den Funkverkehr stört
c. weil im Fall einer größeren Katastrophe das Mobilfunknetz überlastet oder beschädigt sein kann

# Der Länder- und Kontinente-Check

**1. Welche Großstadt liegt auf zwei verschiedenen Kontinenten?**

a. Warschau

b. Istanbul

c. Los Angeles

**2. Welche dieser deutschen Großstädte hat über 1 Million Einwohner?**

a. Frankfurt

b. Stuttgart

c. München

**3. Wie viel Grad beträgt die Jahresdurchschnittstemperatur in der Antarktis?**

a. etwa -15 °C

b. etwa -55 °C

c. etwa -80 °C

**4. Welche dieser Städte ist gleichzeitig ein Staat?**

a. Rom

b. Vatikanstadt

c. Andorra

**5. Mit welcher Naturgewalt muss man in Japan ständig rechnen?**

a. mit Erdbeben
b. mit Hurrikans
c. mit Meteoriteneinschlägen

**6. In welcher Stadt befinden sich vier Freiheitsstatuen, die bis auf die Größe mit der in New York identisch sind?**

a. London
b. Paris
c. Mexiko

**7. Was essen die Amerikaner am liebsten am Thanksgiving Day, ihrem Erntedankfest?**

a. Steak
b. Bison
c. Truthahn

**8. Von welcher Stadt aus wurde Deutschland von 1970-1989 regiert?**

a. Bonn
b. Köln
c. Hamburg

**9. Wo befindet sich der größte europäische Hafen?**

a. in Rotterdam
b. in Hamburg
c. in Lissabon

**10. Warum wird Amsterdam oft „Venedig des Nordens“ genannt?**

a. weil es dort Gondeln gibt
b. weil es dort viele Kanäle gibt
c. weil dort viele Italiener leben

**11. Welche deutsche Stadt wird scherzhaft „Mainhattan“ genannt?**

a. Hannover
b. Leipzig
c. Frankfurt

**12. Wo leben die Menschen in der Antarktis?**

a. in Iglus
b. in Holzhäusern
c. in Forschungsstationen

**13. In welchem Land soll das Seeungeheuer Nessie zu Hause sein?**
a. in Schottland
b. in Irland
c. in Peru

**14. Zu welchem Land gehört Grönland?**
a. Russland
b. Dänemark
c. Kanada

**15. Welches Gebirge erstreckt sich über Alaska, Kanada und die USA bis nach Mexiko?**
a. Anden
b. Appalachen
c. Rocky Mountains

**16. Wie heißt der älteste Nationalpark der Welt?**
a. Krüger-Nationalpark
b. Yellowstone-Nationalpark
c. Bayerischer Wald

**17. Wie heißt der japanische Nationalsport, bei dem gewichtige Menschen gegeneinander antreten?**

a. Sumo

b. Karate

c. Judo

**18. Wie viele verschiedene Sprachen werden in Afrika gesprochen?**

a. 180

b. 350

c. 2.000

**19. Welche große Insel gehört zu Australien?**

a. Kreta

b. Island

c. Tasmanien

**20. Was bedroht den Regenwald Afrikas?**

a. saurer Regen und Überflutungen

b. Heuschrecken und Ameisen

c. illegale Jagd, Rodung und Bergbau

**21. Welches Land besteht aus einer Halbinsel und etwa 550 benannten Inseln?**
a. Japan
b. Griechenland
c. Dänemark

**22. Welches ist das gebirgigste Land in Europa?**
a. Österreich
b. Schweiz
c. Italien

**23. Wo gibt es das älteste U-Bahn-Netz der Welt?**
a. in Berlin
b. in London
c. in Moskau

**24. Welches ist das größte afrikanische Land?**
a. Algerien
b. Südafrika
c. Sudan

**25. An welcher Wasserstraße kommen sich Afrika und Europa ziemlich nahe?**

a. Beringstraße

b. Straße von Gibraltar

c. Bosporus

**26. Was versteht man unter dem Begriff Antarktis?**

a. Südpol

b. Nordpol

c. um den Südpol gelegene Land- und Meeresgebiete

**27. Wo steht der höchste Kirchturm der Welt?**

a. in Ulm

b. in Köln

c. in Rom

**28. In welchem Land wird mit Lek bezahlt?**

a. in der Türkei

b. in Albanien

c. in Lettland

**29. Welche Sprachen werden in Finnland gesprochen?**

a. Finnisch, Schwedisch, Rätoromanisch
b. Finnisch, Schwedisch, Ladinisch
c. Finnisch, Schwedisch, Samisch

**30. Was bedeutet „Lettland" ins Deutsche übersetzt?**

a. „östliches Land"
b. „flaches Land"
c. „nördliches Land"

**31. Welche Stadt Amerikas verbraucht den meisten Strom?**

a. Las Vegas
b. New York
c. San Francisco

**32. Wie heißt die längste Gebirgskette, die über dem Meeresspiegel verläuft?**

a. Ardennen
b. Anden
c. Antillen

**33. Welche Sprache ist in Brasilien Landessprache?**

a. Portugiesisch
b. Englisch
c. Spanisch

**34. Welches sind die sogenannten „Zwergstaaten“ in Europa?**

a. Andorra, Irland, San Marino, Zypern
b. Andorra, Liechtenstein, Malta, Monaco, San Marino, Vatikanstadt
c. Elba, Monaco, Moldawien, Vatikanstadt

**35. Aus wie vielen Bundesländern besteht Deutschland?**

a. aus 16
b. aus 12
c. aus 20

**36. Wie viele Menschen leben zurzeit in China?**

a. etwa 100 Millionen
b. etwa 500 Millionen
c. etwa 1,3 Milliarden

**37. Wer ist das Staatsoberhaupt Australiens?**

a. Gouverneur
b. britische Königin oder britischer König
c. Premierminister

**38. Wo leben die Sorben?**

a. im Osten von Deutschland
b. im Süden von Österreich
c. im Westen der Schweiz

**39. In welchem Meer gibt es Halligen?**

a. in der Ostsee
b. in der Nordsee
c. im Mittelmeer

**40. Afrika ist wievielmal größer als Europa?**

a. dreimal so groß
b. fünfmal so groß
c. zehnmal so groß

**41. Wie kalt kann es nachts in der Sahara werden?**

a. +10 °C

b. 0 °C

c. -10 °C

**42. Welches ist das größte deutsche Bundesland?**

a. Bayern

b. Sachsen

c. Rheinland-Pfalz

**43. Das nördlichste Land Europas heißt ...**

a. ... Polen.

b. ... Finnland.

c. ... Norwegen.

**44. Welche Pinguinart brütet auf dem Packeisgürtel der Antarktis?**

a. Kaiserpinguin

b. Königspinguin

c. Humboldt-Pinguin

**45. Wo gibt es die meisten Seen in Europa?**
a. in Deutschland
b. in Finnland
c. in Kroatien

**46. Wo steht das größte durchgängig bewohnte Königsschloss der Welt?**
a. in Spanien
b. in den Niederlanden
c. in England

**47. Zu welchem Land gehören zahlreiche Inseln, von denen ein Teil in Europa und ein Teil in Afrika liegen?**
a. Türkei
b. Kroatien
c. Spanien

**48. Wie viele Schafe gibt es in Australien?**
a. etwa 1 Million
b. etwa 10 Millionen
c. etwa 100 Millionen

**49. Aus welchem Land stammt die Erfinderin der Kinderbuchfigur Pippi Langstrumpf?**

a. aus Dänemark
b. aus Schweden
c. aus Russland

**50. Welches dieser Länder hat keinen direkten Zugang zum Meer?**

a. Österreich
b. Polen
c. Frankreich

**51. Wo soll Dracula sein Unwesen getrieben haben?**

a. in Kasachstan
b. in Aserbaidschan
c. in Rumänien

**52. Als baltische Staaten bezeichnet man ...**

a. ... Slowenien, Lettland, Polen.
b. ... Estland, Lettland, Litauen.
c. ... Ungarn, Lettland, Russland.

**53. Über Teile welcher Länder erstreckt sich der Bodensee?**

a. Deutschland, Österreich, Italien
b. Deutschland, Österreich, Liechtenstein
c. Deutschland, Österreich, Schweiz

**54. In welchem Gewässer liegt die größte deutsche Insel?**

a. in der Ostsee
b. in der Nordsee
c. im Bodensee

**55. Welche Mittelmeerinsel gehört zu zwei verschiedenen Ländern?**

a. Kos
b. Zypern
c. Malta

**56. Wenn in der Arktis Sommer ist, dann geht in der Antarktis …**

a. … die Sonne nie auf.
b. … die Sonne nie unter.
c. … die Sonne nur kurz auf und gleich wieder unter.

**57. Wie wird Japan in seiner Landessprache bezeichnet?**

a. Japon
b. Nippon
c. Coupon

**58. Was ist das Besondere am Neusiedler See in Österreich?**

a. Er wurde künstlich angelegt.
b. Er ist ein Steppensee.
c. Er ist ein Salzwassersee.

**59. Wo liegt der tiefste Punkt Amerikas?**

a. im Death Valley
b. im Pazifischen Ozean
c. im Grand Canyon

**60. Welches Meer hat das salzhaltigste Wasser?**

a. das Mittelmeer
b. die Nordsee
c. das Tote Meer

**61. Durch wie viele Länder fließt die Donau?**

a. durch fünf
b. durch acht
c. durch zehn

**62. Wo in Europa leben Flamingos in freier Natur?**

a. in der Camargue
b. in der Bretagne
c. auf Usedom

**63. Welche Meereslandschaft steht unter besonderem Schutz?**

a. die Ostsee
b. das Wattenmeer
c. das Binnenmeer

**64. Wie werden die australischen Ureinwohner genannt?**

a. Aborigines
b. Inuit
c. Indianer

**65. Wie heißt das größte Korallenriff der Welt?**

a. Benwood
b. Great Canyon
c. Great Barrier Reef

**66. Wie heißt einer der aktiven Vulkane in der Antarktis?**

a. Mount Erebus
b. Mount St. Helens
c. Ätna

**67. Wo kann man die größte Eishöhle der Welt bestaunen?**

a. in Finnland
b. in Kanada
c. in Österreich

**68. Wo gibt es das Phänomen des Polarlichts?**

a. in Südeuropa
b. in Mitteleuropa
c. in Nordeuropa

**69. Was trennt das nördliche Afrika vom südlichen Afrika?**

a. der Nil
b. der Ganges
c. die Sahara

**70. Gibt es Tiere und Pflanzen, die in der Sahara überleben können?**

a. Ja, gibt es.
b. Nein, gibt es nicht.
c. Ja, aber nur einige wenige Pflanzen.

**71. Wie heißt der Gebirgszug, der Europa von Asien trennt?**

a. Himalaja
b. Anden
c. Ural

**72. Wo gibt es in Deutschland wild lebende Wölfe?**

a. im Pfälzer Wald
b. in der Lausitz
c. im Siebengebirge

**73. Auf welcher Insel ist es so kalt, dass dort sogar Eisbären leben?**

a. Spitzbergen
b. Sylt
c. Åland-Inseln

**74. In welchem Land liegt die tiefste Schlucht der Welt?**

a. in den USA
b. in Weißrussland
c. in Griechenland

**75. Welches Land hat den geringsten Waldanteil in Europa?**

a. Schweiz
b. Niederlande
c. Irland

**76. Welche Nussart gab es ursprünglich nur in Australien?**

a. Macadamianuss
b. Erdnuss
c. Haselnuss

**77. Wie heißt die geheimnisvolle Kultstätte in Südengland?**

a. Loch Ness
b. Stonehenge
c. Big Ben

**78. Was feiern die Schweden im Juni?**

a. Walpurgisnacht
b. Staatsgründung
c. Mittsommerfest

**79. Wie heißen die Wasserfälle, die an der Grenze zwischen Kanada und den USA liegen?**

a. Niagarafälle
b. Viktoriafälle
c. Big Waterfalls

**80. Wie viel Prozent Grönlands ist von Eis bedeckt?**

a. etwa 35 %
b. etwa 50 %
c. etwa 80 %

**81. Wie heißt der höchste Berg Deutschlands?**

a. Großer Feldberg
b. Zugspitze
c. Wendelstein

**82. Wo liegt die höchst gelegene Hauptstadt Europas?**

a. in Frankreich
b. in Schweden
c. in Andorra

**83. Welche Landschaft ist typisch für Schottland?**

a. Hohe Tatra
b. Highlands
c. Lake District

**84. Wie heißt das Zentrum der amerikanischen Filmindustrie?**

a. Knockonwood
b. Hollywood
c. Bollywood

**85. Was bildet die natürliche Grenze zwischen Spanien und Frankreich?**

a. ein Tal
b. ein See
c. eine Gebirgskette

**86. In welcher Stadt befindet sich eine moderne Pyramide aus Glas?**

a. in Kairo
b. in Paris
c. in Chicago

**87. Was ist die „Sagrada Familia“ in Barcelona?**

a. eine Kirche
b. ein Museum
c. eine Brücke

**88. Auf welchem Kirchendach kann man spazieren gehen? Auf dem Dach vom …**

a. … Petersdom.
b. … Mailänder Dom.
c. … Berliner Dom.

**89. Wie heißt der Kanal, der Frankreich und England verbindet?**

a. Panamakanal
b. Europakanal
c. Ärmelkanal

**90. In welcher Stadt kann man neben anderen Stars auch Harry Potter als Wachsfigur anschauen?**

a. Tokio
b. London
c. Boston

**91. In welchem Land wurde die Büroklammer erfunden?**

a. in Deutschland
b. in Mexiko
c. in Norwegen

**92. In welches Land wanderte der deutsche Physiker Albert Einstein aus?**

a. in die USA
b. nach Australien
c. nach Kanada

**93. Welche alte Waffe verwenden die Aborigines in Australien auch heute noch zum Jagen?**

a. Gewehr
b. Jagdbumerang
c. Pfeil und Bogen

**94. Wie heißt die älteste noch existierende Baumart, die bisher bekannt ist und wo wurde sie entdeckt?**

a. die Wollemi-Kiefer bei Sydney
b. der Gingko-Baum bei Brüssel
c. die Weißtanne bei Shanghai

**95. Welches Land liegt sowohl in Europa als auch in Asien?**

a. Rumänien
b. Finnland
c. Russland

**96. Von wo brach Kolumbus auf, um mit dem Schiff Indien zu erreichen?**

a. Italien
b. Österreich
c. Schweden

**97. Wo liegen die größten Sümpfe Europas?**

a. in Weißrussland und der Ukraine
b. in Schweden
c. in Spanien und Portugal

**98. Wie viel Prozent der Erdoberfläche bedecken alle Meere der Welt?**

a. etwas über 70 %
b. etwas über 40 %
c. etwas über 25 %

**99. Welches Gebirge durchquert Italien von Norden nach Süden?**

a. Apennin
b. Alpen
c. Dolomiten

**100. Welches ist der längste Fluss in Europa?**

a. die Donau
b. die Loire
c. die Wolga

**101. Was bedeutet der Name Antarktis?**
a. „unter der Arktis"
b. „hinter der Arktis"
c. „gegenüber der Arktis"

**102. Wer erreichte als Erster den Südpol?**
a. Robert Scott
b. Roald Amundsen
c. Hans Christian Andersen

**103. An wie viele Meere grenzt Frankreich?**
a. an ein Meer
b. an zwei Meere
c. an drei Meere

**104. Zwischen welchen Erdteilen erstreckt sich das Mittelmeer?**
a. Europa, Afrika, Asien
b. Europa, Afrika, Amerika
c. Europa, Afrika, Australien

**105. Wie heißt die größte italienische Insel?**
a. Korsika
b. Sizilien
c. Sardinien

**106. In welchem deutschen Bundesland gibt es die meisten Seen?**

a. Bayern
b. Brandenburg
c. Mecklenburg-Vorpommern

**107. Stimmt es, dass Eisbären auf treibenden Eisschollen von Grönland nach Island gekommen sind?**

a. Ja, das stimmt.
b. Nein, das ist erfunden.
c. Nein, sie sind im Meer von einem Forschungsschiff aufgelesen worden.

**108. Das Meer in Bulgarien heißt …**

a. … Totes Meer.
b. … Schwarzes Meer.
c. … Rotes Meer.

**109. In welchem europäischen Land gibt es noch aktive Vulkane?**

a. in Italien
b. in der Schweiz
c. in Ungarn

**110. In welchem Land wurde der Flamenco erfunden?**

a. in Spanien
b. in der Türkei
c. in Chile

**111. Wie groß ist der längste und größte Gletscher der Welt?**

a. etwa 300 km lang und 30 km breit
b. etwa 600 km lang und 40 km breit
c. etwa 400 km lang und 50 km breit

**112. Wie begrüßen sich Japaner?**

a. mit einem Handschlag
b. mit einer Verbeugung
c. mit einem Kuss

**113. Wie heißt der höchste Berg der Erde?**

a. Nanga Parbat
b. Mount Everest
c. Kilimandscharo

**114. Wie heißt die Hauptstadt von Indien?**

a. Neu-Delhi
b. Kalkutta
c. Mumbai

# Der Polizei-Check

**1. Wie groß sollte ein Mann mindestens sein, um sich für den Polizeidienst bewerben zu können?**

a. mindestens 1,65 m
b. mindestens 1,75 m
c. mindestens 1,85 m

**2. Wie lange dauert im Schnitt eine Ausbildung zum Polizeibeamten?**

a. ein Jahr
b. zwei bis drei Jahre
c. mindestens fünf Jahre

**3. Welches Fach muss ein Polizist während der Ausbildung lernen?**

a. Politische Bildung
b. Volkswirtschaftslehre
c. Latein

**4. Wie nennt man Anwärter für den mittleren Polizeidienst, also zum Beispiel Streifenpolizisten?**

a. Hilfspolizist
b. Azubi im Polizeidienst
c. Polizeimeisteranwärter

**5. Wie heißt die Lehre von der Verbrechensverhinderung und -bekämpfung?**

a. Mafiologie
b. Gauneristik
c. Kriminalistik

**6. Welchen polizeilichen Beruf kann man nur über ein Studium erreichen?**

a. Kommissar
b. Streifenpolizist
c. Bereitschaftspolizist

**7. Woran kann man den Dienstgrad eines Polizisten erkennen?**

a. an der Dienstmarke
b. an den Schulterklappen der Uniform
c. an der Art der Bewaffnung

**8. Mit welchen rot-weißen Hütchen sichern Polizei und Feuerwehr eine Unfallstelle?**

a. mit den Lübecker Hütchen
b. mit den Zuckerhütchen
c. mit den Faschingshütchen

**9. Welches Einsatzsignal wird meistens „Blaulicht" genannt?**

a. die blaue Rundumkennleuchte
b. das blaue Scheinwerferlicht
c. die blaue Schmuckbeleuchtung

**10. Welche europäische Polizeibehörde bekämpft europaweit unterschiedliche Verbrechensarten?**

a. Nordpol
b. Sewastopol
c. Europol

**11. Welche Einrichtung in Deutschland besitzt eine eigene Polizei?**

a. der Deutsche Fußballbund
b. der Deutsche Bundestag
c. der Deutsche Schwimmverband

**12. Wer wird von der Kriminalpolizei in Untersuchungshaft genommen?**

a. Tatverdächtige
b. Untersuchungsrichter
c. verurteilte Straftäter

**13. Welche Notrufnummer hat die Polizei in Deutschland?**

a. 0815
b. 110
c. 911

**14. Was kann ein Verdächtiger hinterlegen, um bis zur Gerichtsverhandlung freizukommen?**

a. seine Aktien
b. seine Munition
c. eine Kaution

**15. Wie viele Motorradfahrer stehen einem Staatsoberhaupt bei einem Staatsbesuch als Eskorte zu?**

a. ein Motorradfahrer
b. drei Motorradfahrer
c. 15 Motorradfahrer

**16. Welche Abteilung des Bundeskriminalamts ist für den Personenschutz von Politikern zuständig?**

a. der Agentendienst
b. die Politprofis
c. die Sicherungsgruppe

**17. Wer ist der Chef der Polizei eines Bundeslandes?**

a. der Innenminister
b. der Verbraucherschutzminister
c. der Umweltminister

**18. Wie nennt man in Frankreich einen Polizisten?**

a. Chic
b. Flic
c. Trick

**19. Warum ist das Blaulicht blau?**

a. Weil man früher Glas nur blau färben konnte.
b. Weil Blau eine unauffällige Farbe ist.
c. Weil andere Farben schon für andere Signale vergeben waren.

**20. Welche Aufgabe hat die Kriminalpolizei noch, außer Kriminelle zu verfolgen?**

a. den Verkehr zu regeln
b. die Bürger zu beraten
c. Autos zu testen

**21. Wie nennen Polizisten Beweisstücke, die für einen Prozess aufbewahrt werden?**

a. Asservaten
b. Kuriositäten
c. Antiquitäten

**22. Wie nennen Kriminalpolizisten den Beweis eines Verdächtigen, nicht zur Tatzeit am Tatort gewesen zu sein?**

a. Kolibri
b. Rififi
c. Alibi

**23. Was bedeutet es, wenn ein Verkehrspolizist auf einer Kreuzung beide Arme zur Seite ausstreckt?**

a. „Halt vor der Kreuzung!"
b. „Vollgas!"
c. „Langsam weiterfahren!"

**24. Welche Farben hat der Mantel eines Verkehrspolizisten?**

a. grün-beige und weiß
b. rot-orange und weiß
c. blau-schwarz und weiß

**25. Was zeigt ein Kriminalbeamter, um sich auszuweisen?**

a. seine Dienstmarke
b. seine Dienstwaffe
c. seine Dienstmütze

**26. Welche Maßnahme verbirgt sich hinter der Abkürzung TÜ?**

a. die technische Überwachung
b. die Telekommunikationsüberwachung
c. die Tatortüberprüfung

**27. Bei welcher Art der Fahndung kreisen Polizeifahrzeuge einen Ort ein?**

a. bei der Ringalarmfahndung
b. bei der Zielfahndung
c. bei der Autofahndung

**28. Welche deutsche Behörde übernimmt die Aufklärung besonders schwerer Straftaten?**

a. das FBI
b. Scotland Yard
c. das Bundeskriminalamt

**29. Welchen Schulabschluss benötigt man, um sich für den mittleren Polizeidienst zu bewerben?**

a. Mittlere Reife
b. Abitur
c. Hauptschulabschluss

**30. Welches Mindestalter sollten die Bewerber in den meisten Bundesländern haben?**

a. 25 Jahre
b. 19 Jahre
c. 17 Jahre

**31. Wie wird das Einsatzhorn eines Polizeifahrzeugs genannt?**

a. Martinshorn
b. Alphorn
c. Jagdhorn

**32. Mit welchem Gegenstand werden die Fahrzeuge bei einer Verkehrskontrolle zum Anhalten aufgefordert?**

a. mit der Maurerkelle
b. mit der Schöpfkelle
c. mit der Winkerkelle

**33. Wie wird die Sicherung und Auswertung von Fingerabdrücken noch genannt?**

a. Daktyloskopie
b. Mikroskopie
c. Orthopädie

**34. Wozu setzen Spurensicherer der Kriminalpolizei Gips ein?**

a. um ein Modell des Täters zu formen
b. um Fußabdrücke zu sichern
c. um Mauerrisse am Tatort zu füllen

**35. Welches Bild fertigt die Polizei anhand von Zeugenaussagen an?**

a. ein Einsatzbild
b. ein Lichtbild
c. ein Phantombild

**36. Unter welchem Namen sind die Krimihelden Justus, Peter und Bob besser bekannt?**

a. die Drei ???
b. die Drei von der Tankstelle
c. die Drillinge vom Immenhof

**37. Welcher besondere „Abdruck“ wird mithilfe einer Speichelprobe erstellt?**

a. der genetische Fingerabdruck
b. der Zungenabdruck
c. der geschmackliche Fingerabdruck

**38. Welche besonderen Anzüge tragen Mitarbeiter der Spurensicherung am Tatort?**

a. Nadelstreifen-Anzüge
b. Tyvek-Anzüge
c. Designer-Anzüge

**39. Was setzt die Polizei ein, um schnell und gründlich nach flüchtigen oder vermissten Personen zu suchen?**

a. Polizeihubschrauber
b. Sonar
c. Radargeräte

**40. Wie wird die Einsatzzentrale der Polizei noch genannt?**

a. Peilstelle
b. Leitstelle
c. Haltestelle

**41. Wie heißen die berittenen Polizisten Kanadas?**

a. Mounties
b. Cookies
c. Willies

**42. Welche berühmte Londoner Polizeibehörde wurde 1829 gegründet?**

a. Baker Street
b. Scotland Yard
c. Piccadilly Circus

**43. Wie nennen Kriminalpolizisten eine Tat?**

a. Konflikt
b. Konfekt
c. Delikt

**44. Was kann von einem Richter angeordnet werden?**

a. die Durchsuchung einer Wohnung
b. die heimliche Vernichtung wichtiger Spuren
c. die Verhaftung eines Unschuldigen

**45. Wer ordnet ein Ermittlungsverfahren an und leitet es?**

a. ein Kommissar
b. ein Staatsanwalt
c. ein Privatdetektiv

**46. Welche Einheit wird bei besonders gefährlichen Einsätzen angefordert?**

a. die Militärpolizei
b. die Bundeswehr
c. das Spezialeinsatzkommando

**47. Welchen tragbaren Lautsprecher benutzen Polizeibeamte, um zum Beispiel Demonstranten Anweisungen zu geben?**

a. das Xylofon
b. das Grammofon
c. das Megafon

**48. Wie nennt man die genaue Untersuchung eines Tatortes?**

a. Tatortarbeit
b. Observation
c. Lupentechnik

**49. Wie nennt man die Zusammenstellung der Spuren am Tatort?**

a. Spurenbild

b. Indizien

c. Zugriff

**50. Worauf müssen die Mitarbeiter der Spurensicherung unbedingt achten?**

a. dass sie mindestens zwei verschiedene Fingerabdrücke finden

b. dass sie selbst keine Spuren hinterlassen

c. dass nur der Kommissar den Tatort betritt

**51. Wie heißt der Fachbegriff für die Untersuchung krimineller Handlungen?**

a. Floristik

b. Forensik

c. Akrobatik

**52. Wie heißt der Polizeichef von Entenhausen, mit dem Micky Maus zusammenarbeitet?**

a. Albert Hunter

b. Albert Einstein

c. Albert Schweitzer

**53. Was können Polizisten aus einem Bewegungsprofil entnehmen?**

a. die Art und Weise, wie Menschen laufen oder ihre Arme bewegen

b. die Orte, an denen sich bestimmte Personen regelmäßig aufhalten

c. die Geschwindigkeit, mit der sich ein Auto bewegt

**54. Wie nennt sich ein Polizist, der die Ausbildung zum mittleren Dienst beendet hat?**

a. Polizeimeister

b. Polizeiabsolvent

c. Polizeiwachmann

**55. Bei welcher polizeilichen Maßnahme werden Fotos gemacht und Fingerabdrücke genommen?**

a. bei der gerichtlichen Beweisaufnahme

b. bei der Zielfahndung

c. bei der erkennungsdienstlichen Behandlung

**56. Welcher Polizist versucht in einem Kinderbuch, den Räuber Hotzenplotz zu fangen?**

a. Kommissar Geiermeier
b. Inspektor Wanninger
c. Wachtmeister Dimpfelmoser

**57. Wie heißt die 1908 gegründete Bundespolizei der USA?**

a. JWD
b. FBI
c. UNO

**58. Was machen Spurensicherer per Einstaubverfahren?**

a. Fingerabdrücke sichtbar
b. Reifenspuren sichtbar
c. Patronenhülsen sichtbar

**59. Bei welcher Maßnahme werden einem Opfer oder Zeugen verschiedene Personen vorgestellt?**

a. beim Vorstellungsgespräch
b. bei der Gegenüberstellung
c. bei der Zielfahndung

**60. Wie nennt man die polizeiliche Überwachung von Verdächtigen?**

a. Observation
b. Situation
c. Intuition

**61. Wie nennt man Polizisten, die sich in eine Verbrecherorganisation einschleusen?**

a. geheime Polizeiagenten
b. verdeckte Ermittler
c. Privatdetektive

**62. Was benötigt ein Polizist, um einen Verdächtigen festzunehmen?**

a. einen Hinweis aus der Bevölkerung
b. einen Verdacht
c. einen Haftbefehl

**63. Wie nennt man einen Informanten der Polizei?**

a. P-Kontakt
b. V-Mann
c. I-Mensch

**64. Welchen Bericht müssen Polizisten nach einer Vernehmung anfertigen?**

a. ein Protokoll
b. ein Testament
c. ein Geständnis

**65. In welchem Buch sind die Strafen für Ordnungswidrigkeiten im Straßenverkehr aufgelistet?**

a. im Bußgeldkatalog
b. im Strafgesetzbuch
c. im Autolexikon

**66. Welche Polizeiorganisation bekämpft weltweit Verbrechen?**

a. Weltpolizei
b. Großstadtrevier
c. Interpol

**67. Wie wird umgangssprachlich ein Polizist in den USA genannt?**

a. Bob
b. Job
c. Cop

**68. Wie werden gefälschte Banknoten umgangssprachlich genannt?**

a. Wurzeln

b. Knospen

c. Blüten

**69. Wie viele Polizisten üben in Deutschland ihren Dienst aus?**

a. etwa 50.000

b. etwa 250.000

c. etwa eine Million

**70. Kann die Wasserschutzpolizei auch an Land eingesetzt werden?**

a. nein

b. nur im Fall von Katastrophen

c. ja

**71. Was machen Polizeibeamte in Schulen?**

a. Sie erteilen Verkehrsunterricht.

b. Sie lernen Lesen.

c. Sie verhaften Lehrer.

**72. Wie nennt man es, wenn ein Verbrecher auf frischer Tat ertappt wird?**

a. in donesien
b. in flagranti
c. in formation

**73. Welche besonderen Polizisten gibt es in einigen Bundesländern?**

a. Schlafpolizisten
b. Wachpolizisten
c. Gastpolizisten

**74. Wie heißen die Polizisten der Bundeswehr?**

a. Feldjäger
b. Jägermeister
c. Kammerjäger

**75. Welche Abteilung der Polizei wird manchmal auch „Spusi" genannt?**

a. die Spezialeinheit
b. die Spurensicherung
c. der Streifendienst

**76. Was bedeutet das arabische Wort „Razzia“ im ursprünglichen Sinn?**

a. Besuch
b. Kriegszug
c. Festmahl

**77. Wie heißt der Polizeifunk im amtlichen Sprachgebrauch?**

a. Poli-Funk
b. CB-Funk
c. BOS-Funk

**78. Wer ist für die Ausbildung und den Einsatz der Polizei zuständig?**

a. die Bundesländer
b. die Bundeskanzlerin
c. der Verteidigungsminister

**79. Was wird ein Polizeiobermeister, wenn er befördert wird?**

a. Polizeihauptmeister
b. Polizeikommissar
c. Polizeiinspektor

# Der Sport-Check

**1. Wie hoch ist ein Tor beim Feldhockey?**

a. 1,94 m
b. 2,04 m
c. 2,14 m

**2. In welcher Sportart gibt es den Begriff „Touchdown"?**

a. Basketball
b. American Football
c. Baseball

**3. In welchem Fall muss der Fußball eine leuchtende Farbe, zum Beispiel rot, haben?**

a. bei starkem Schneefall
b. bei einem Länderspiel
c. bei einem Freundschaftsspiel

**4. Wie viele Spielminuten beträgt eine Halbzeit beim Handball?**

a. 30 min
b. 45 min
c. 25 min

**5. Was passiert, wenn ein Ball beim Fußball gegen eine Eckfahne prallt und zurück aufs Spielfeld rollt?**

a. Es gibt einen Einwurf.

b. Es gibt einen Eckstoß.

c. Das Spiel wird fortgesetzt.

**6. Wann muss der Aufschlag beim Volleyball durchgeführt werden?**

a. spätestens 30 s nach dem Pfiff des Schiedsrichters

b. spätestes 8 s nach dem Pfiff des Schiedsrichters

c. gleichzeitig mit dem Pfiff des Schiedsrichters

**7. Von welcher Sportart stammt American Football ab?**

a. vom Rugby

b. vom Fußball

c. vom Handball

**8. Wie viele Spieler einer Mannschaft müssen beim Fußball mindestens immer auf dem Platz sein?**

a. sieben Spieler

b. neun Spieler

c. zehn Spieler

**9. In welcher Sportart muss man hintereinander Schwimmen, Fahrradfahren und Laufen?**

a. Biathlon

b. Triathlon

c. Dreikampf

**10. In welchem Land fand 1930 die erste Fußball-WM statt?**

a. in England

b. in Deutschland

c. in Uruguay

**11. Welches ist das kleinste Land, das jemals an einer Fußball-Weltmeisterschaft teilgenommen hat?**

a. Costa Rica

b. Slowenien

c. Trinidad und Tobago

**12. Welche Farben hat ein regulärer Baseball?**

a. blau mit grünen Nähten

b. schwarz mit gelben Nähten

c. weiß mit roten Nähten

**13. Wie heißt der Mannschaftssport, der auf Pferden ausgeführt wird und mit langen Holzschlägern gespielt wird?**

a. Cricket

b. Galopprennen

c. Polo

**14. In welchem Jahr wurde erstmals eine WM im Frauenfußball ausgetragen?**

a. 1972

b. 1991

c. 2004

**15. Wie hoch hängt ein Basketballkorb?**

a. 3,05 m

b. 3,22 m

c. 2,81 m

**16. Was darf ein Torwart beim Fußball außerhalb des Strafraumes nicht machen?**

a. sich am Sturm auf das gegnerische Tor beteiligen

b. den Ball absichtlich mit der Hand spielen

c. den Ball in den gegnerischen Strafraum schießen

**17. In welche Disziplinen wird die Leichtathletik aufgeteilt?**

a. Laufen, Springen, Werfen
b. Laufen, Hüpfen, Slalom
c. Laufen, Schwimmen, Werfen

**18. In welchem Land wurde schon vor mehr als 2.000 Jahren eine Art Fußball gespielt?**

a. in Deutschland
b. in den USA
c. in China

**19. Das Spielfeld welcher Sportart ist nach den Regularien 800 m² groß?**

a. das Handballfeld
b. das Fußballfeld
c. das Feldhockeyfeld

**20. Woher stammen die Ausdrücke „Flanke“, „Abwehr“, „Angriff“ und „Deckung“ beim Fußball?**

a. vom Olympischen Komitee
b. vom Militär
c. von Sepp Herberger

**21. Wie viele Punkte muss man beim Tischtennis mindestens erreichen, um einen Satz zu gewinnen?**

a. 30 Punkte

b. 11 Punkte

c. 27 Punkte

**22. In welchem Jahr wurden die Gelben und Roten Karten beim Fußball eingeführt?**

a. 1908

b. 1970

c. 1996

**23. Welche Strecke muss man bei der olympischen Disziplin Hindernislauf bewerkstelligen?**

a. 1.500 m

b. 3.000 m

c. 5.000 m

**24. Welcher Verein wurde bereits 1857 gegründet und ist somit der älteste Fußballklub der Welt?**

a. Real Madrid

b. Juventus Turin

c. Sheffield F.C.

**25. Was schmieren sich Handballer vor und während des Spiels in die Handflächen?**

a. Harz
b. Kreide
c. Salz

**26. In welchem Land wurden 1846 die ersten Fußball-Spielregeln verfasst?**

a. Irland
b. Schottland
c. England

**27. Welche Mannschaft gewann 1900 das erste olympische Fußballturnier?**

a. Japan
b. England
c. Deutschland

**28. Bei welcher Sportart gibt es die Sprungabfolge „Hop“, „Step“ und „Jump“?**

a. Basketball
b. Weitsprung
c. Dreisprung

**29. Was waren die Vorbilder für die Tore auf dem Fußballfeld?**

a. Schleusentore
b. Scheunentore
c. Stadttore

**30. Wie lang ist eine Marathonstrecke?**

a. 30,511 km
b. 42,195 km
c. 48,555 km

**31. In welchem Jahr wurde zum ersten Mal ein Fußballspiel unter Flutlichtern ausgetragen?**

a. 1878
b. 1921
c. 1955

**32. Wie werden die Zuspiele beim Volleyball genannt?**

a. Pritschen und Baggern
b. Werfen und Tippen
c. Legen und Kränen

**33. Wie heißen die zu erzielenden Punkte beim Baseball?**

a. Points
b. Runs
c. Matches

**34. Welche Mannschaften steigen nach Abschluss der Fußballbundesliga-Spielsaison ab?**

a. der 18. Platz
b. der 16. bis 18. Platz
c. der 15. bis 18. Platz

**35. Wie viele Meter erreichen die besten Speerwerfer mit einem Wurf?**

a. fast 100 m
b. fast 65 m
c. fast 80 m

**36. Welcher Spieler hatte mit 602 Spielen die meisten Einsätze in der Geschichte der Fußballbundesliga?**

a. Karl-Heinz Körbel
b. Uwe Seeler
c. Sepp Maier

**37. In welcher Sportart gibt es ein „Knock-out“?**

a. im Fechten
b. im Boxen
c. im Eiskunstlauf

**38. Welchem Verein gelang 1971 die erste Titelverteidigung in der Geschichte der Fußballbundesliga?**

a .1. FC Köln
b. FC Bayern München
c. Borussia Mönchengladbach

**39. Welche Mannschaft wurde 1986 Deutscher Fußballmeister, ohne zuvor auch nur einen Spieltag lang Tabellenführer gewesen zu sein?**

a. Bayern München
b. 1. FC Köln
c. Bayer Leverkusen

**40. Wie viele Spieler stehen beim Volleyball für eine Mannschaft auf dem Feld?**

a. fünf Spieler
b. sechs Spieler
c. sieben Spieler

**41. Welche Farbe haben die Torstangen beim Eishockey?**

a. grün
b. blau
c. rot

**42. Welche dieser Mannschaften war 1963 nicht unter den Gründungsmitgliedern der Fußballbundesliga?**

a. 1. FC Nürnberg
b. FC Bayern München
c. TSV 1860 München

**43. Wie viele Pins (Kegel) werden beim Bowling aufgestellt?**

a. zehn
b. acht
c. neun

**44. Welcher Fußballtorwart erzielte als Torschütze bislang 26 Tore?**

a. Oliver Kahn
b. Jens Lehmann
c. Jörg Butt

**45. Was wurde 1902 an den Linien des Fußballspielfeldes geändert?**

a. Der Mittelkreis wurde zu einem Viereck.

b. Der Elfmeterkreis wurde zu einem Elfmeterpunkt.

c. Der ursprüngliche Strafraumhalbkreis wurde zu einem Rechteck.

**46. Wann fand das erste Länderspiel im Handball statt?**

a. 1856

b. 1902

c. 1925

**47. Von welchem Fußballtrainer stammt die Feststellung „Der Ball ist rund und das Spiel dauert 90 Minuten."?**

a. Helmut Schön

b. Sepp Herberger

c. Jupp Derwall

**48. Bei welcher Sportart wird eine eisenbeschlagene Holzscheibe mit Handgriff benutzt?**

a. Diskuswerfen

b. Hammerwerfen

c. Eisstockschießen

**49. Wie viele Spieler dürfen während eines Fußballspiels maximal ausgewechselt werden?**

a. zwei Spieler
b. drei Spieler
c. fünf Spieler

**50. Was bedeutet „Judo" übersetzt?**

a. sanfter Weg
b. harter Kampf
c. weiße Anzüge

**51. Wie lang muss ein Spielfeld bei internationalen Fußballbegegnungen sein?**

a. 80 m
b. 95 m
c. 105 m

**52. Wo befindet sich beim Tennis der Schiedsrichter?**

a. auf einem Hochsitz
b. neben den Trainern
c. unten auf der Zuschauertribüne

**53. Welchen Abstand müssen beim Fußball alle gegnerischen Spieler bei einem Freistoß vom Ball haben?**

a. 2 m
b. 22,22 m
c. 9,15 m

**54. Wie viele Punkte bekommt eine Basketballmannschaft bei einem erfolgreichen Korbwurf?**

a. 0,5 Punkte
b. immer einen Punkt
c. je nach Wurfsituation 1 bis 3 Punkte

**55. Welchen Grund gibt es beim Fußball neben einem Foul für einen Strafstoß?**

a. Handspiel
b. Abseits
c. Abstoß

**56. Wo liegt der Unterschied zwischen den Disziplinen Laufen und Gehen?**

a. beim Gehen muss durchgängig Bodenkontakt bestehen
b. beim Gehen darf man nicht mehr als 100 Schritte pro Minute machen
c. beim Gehen muss man Laufstöcke benutzen

**57. Welcher Spieler bringt den Ball beim Fußball durch einen Einwurf wieder ins Spiel?**

a. der Spieler, der den Ball ins Aus geschossen hat
b. einer der beiden Torwarte
c. ein Spieler der nicht ballführenden Mannschaft

**58. Welche Schwimmstile werden beim Lagenschwimmen geschwommen?**

a. Brust und Rücken
b. Schmetterlingsschwimmen, Brust, Rücken und Freistil
c. Brust, Rücken und Freistil

**59. Was kann ein Grund dafür sein, ein Fußballspiel abzubrechen?**

a. Bodenfrost
b. einsetzender Nieselregen
c. starker Nebel

**60. Wie heißt der „Elfmeterpunkt" im Fußball eigentlich?**

a. Schiedsrichterkennzeichen
b. Strafstoßmarke
c. Foulmarkierung

**61. Wie hoch muss ein Tischtennisspieler den Ball beim Aufschlag mindestens werfen?**

a. 12 cm
b. 16 cm
c. 20 cm

**62. Welche Organisation berät und ändert die Fußballregeln?**

a. Deutscher Fußballbund (DFB)
b. Union of European Football Associations (UEFA)
c. International Football Association Board (IFAB)

**63. Wie heißt eine Landetechnik beim Skispringen?**

a. Telemarklandung
b. mobile Landung
c. Senkrechtlandung

**64. Welche Regel gilt als die schwierigste Fußballregel?**

a. die Abseitsregel
b. die Jenseitsregel
c. die Auswärtsregel

**65. Woran erkennt man den Spielführer bzw. Mannschaftskapitän einer Fußballmannschaft?**

a. an der Rückennummer 1
b. am gelben Trikot
c. an der Armbinde

**66. Wie groß ist ein Tischtennisball?**

a. 35 mm Durchmesser
b. 40 mm Durchmesser
c. 45 mm Durchmesser

**67. Womit ahndet beim Fußball der Schiedsrichter ein Foul außerhalb des Strafraums?**

a. mit einem Strafstoß
b. mit einem Rückstoß
c. mit einem Freistoß

**68. Wann fanden die ersten internationalen Eiskunstlaufwettkämpfe statt?**

a. 1910
b. 1795
c. 1882

**69. Aus welchen Disziplinen setzt sich ein Biathlon zusammen?**

a. Skispringen und Skilanglauf
b. Skilanglauf und Schießen
c. Schießen und Slalom

**70. Was macht ein Schiedsrichter beim Fußball, um eine Verwarnung auszusprechen?**

a. Er pfeift dreimal.
b. Er zückt die Rote Karte.
c. Er zückt die Gelbe Karte.

**71. Unter welchem Namen wurde das umstrittene Tor des Finales der Fußball-WM 1966 in England bekannt?**

a. London-Tor
b. Doppel-Tor
c. Wembley-Tor

**72. Welche Disziplin wird beim Siebenkampf nicht ausgeführt?**

a. Stabhochsprung
b. 100-m-Hürdenlauf
c. Kugelstoßen

**73. Welche Geschwindigkeiten können Skifahrer bei Weltcup-Abfahrtsrennen erreichen?**

a. bis zu 80 km/h

b. bis zu 105 km/h

c. bis zu 130 km/h

**74. In welchem Jahr fand das erste Länderspiel der Fußballgeschichte statt?**

a. 1920

b. 1872

c. 1655

**75. Bei welcher Sportart müssen Sätze gewonnen werden?**

a. Tennis

b. Skispringen

c. Rudern

**76. Welche neue Fußballregel wurde 1896 in Deutschland festgelegt?**

a. Die Schiedsrichter sind nicht mehr zugelassen.

b. Das Spielfeld muss frei von Bäumen und Sträuchern sein.

c. Es darf nur ein Ball im Spiel sein.

# Der Religionen-Check

**1. Wie viele Menschen auf der Welt bekennen sich zum christlichen Glauben?**

a. rund 120 Millionen
b. rund 1,2 Milliarden
c. rund 2,2 Milliarden

**2. Wie viele Menschen bekennen sich weltweit zum Islam?**

a. etwa 500 Millionen
b. etwa 1,5 Milliarden
c. etwa 5,5 Milliarden

**3. Welchen Namen trägt Gott im Islam?**

a. Allah
b. Umma
c. Salem

**4. Wie viele Menschen bekennen sich weltweit zum Hinduismus?**

a. 900 Millionen
b. 2 Milliarden
c. 5 Milliarden

**5. Welcher indische Fluss wird von den Hindus als heilig angesehen?**
a. der Amazonas
b. der Indus
c. der Ganges

**6. In welchem Land liegt Mekka, die heiligste Stadt des Islam?**
a. Iran
b. Saudi-Arabien
c. Ägypten

**7. Wie viele Buddhisten gibt es weltweit?**
a. 3,2–5,2 Milliarden
b. 1,2–3,2 Milliarden
c. 230–500 Millionen

**8. Wie viele Anhänger hat der jüdische Glaube weltweit?**
a. etwa 13,5 Millionen
b. etwa 500 Millionen
c. etwa 1,5 Milliarden

**9. Woran glauben Hindus?**
a. an Jesus
b. an die Wiedergeburt
c. an den Göttervater Zeus

**10. Wie heißt das jüdische Gotteshaus?**
a. Pagode
b. Palast
c. Synagoge

**11. Was bedeutet der Name „Buddha"?**
a. der Stärkere
b. der Rundliche
c. der Erwachte

**12. In welchem Land ist der Hinduismus entstanden?**
a. Russland
b. Indien
c. Persien

**13. Welcher Stern ist das Symbol des Judentums?**
a. der Davidstern
b. der Abendstern
c. der Papierstern

**14. Wer ist der Begründer des Christentums?**

a. Moses
b. Jesus
c. Abraham

**15. In welchem Land leben die meisten Juden?**

a. in Israel
b. in den USA
c. in Deutschland

**16. Was ist das wichtigste Heiligtum des Islam?**

a. der Felsenberg in Jerusalem
b. die Blaue Moschee in Istanbul
c. die Kaaba in Mekka

**17. Welche Stadt ist für Hindus heilig?**

a. Varanasi
b. Venedig
c. Vatikan

**18. In welcher arabischen Stadt wurde Mohammed im Jahr 571 geboren?**

a. Mekka
b. Casablanca
c. Bagdad

**19. Was bedeutet das Wort „Christus"?**

a. der Gesandte
b. der Gesunde
c. der Gesalbte

**20. Was lehnte Buddha ab?**

a. einfache Kleidung
b. eine Unterscheidung zwischen Armen und Reichen
c. scharfes Essen

**21. Was passiert bei einer christlichen Beichte?**

a. Man bittet um Vergebung für seine Sünden.
b. Man spendet Geld für die Armen.
c. Man beschwert sich über andere Christen.

**22. Was feiern Christen an Ostern?**

a. die Geburt Jesu Christi
b. die Auferstehung Jesu Christi
c. die Taufe Jesu Christi

**23. In welcher Sprache wird der jüdische Gottesdienst traditionell gefeiert?**

a. auf Griechisch
b. auf Latein
c. auf Hebräisch

**24. Wie nennen Christen den Sonntag vor Ostern?**

a. Eichensonntag
b. Palmsonntag
c. Dattelsonntag

**25. Wie heißt die Heilige Schrift des Islam?**

a. Bibel
b. Koran
c. Thora

**26. Wie heißt der jüdische Seelsorger und Lehrmeister?**

a. Rabbiner
b. Etrusker
c. Epheser

**27. Wie heißen die einzelnen Abschnitte, in die der Koran unterteilt ist?**

a. Artikel
b. Zitate
c. Suren

**28. Wie nennen katholische Christen den Tag, an dem die Fastenzeit vor Ostern beginnt?**

a. Fastnacht
b. Gründonnerstag
c. Aschermittwoch

**29. Welche Schriften werden im Hinduismus als heilig angesehen?**

a. die Veden
b. die Odyssee
c. die Nibelungen

**30. Wie heißt das bekannteste Gebet der Christenheit?**

a. Bruder Joseph
b. Vaterunser
c. Ave-Maria

**31. Wie nennen Hindus die Erlösung, das letzte Lebensziel?**

a. Paradies
b. Jenseits
c. Moksha

**32. Was feiern Christen an Weihnachten?**

a. die Geburt Jesu Christi
b. das Erscheinen des Nikolaus
c. die Taufe Jesu Christi

**33. Zu welchen Tageszeiten dürfen buddhistische Mönche essen?**

a. den ganzen Tag
b. nur von morgens bis 12 Uhr mittags
c. nur zwischen 20 und 21 Uhr

**34. Was feiern Katholiken am 6. Januar?**

a. Himmelfahrt
b. Pfingsten
c. „Heilige Drei Könige"

**35. Was dürfen Buddhisten nicht tun?**

a. Rasen mähen
b. Holz hacken
c. Reis essen

**36. Wie heißt das Gebet der Muslime?**

a. Salat
b. Ramadan
c. Koran

**37. In welchem Land hat Buddha seine Lehre verbreitet?**

a. in China
b. in Indien
c. in Japan

**38. Welche Wörter oder Wortfolgen sagen Hindus bei ihrer Meditation auf?**

a. Haikus
b. Poesie
c. Mantras

**39. Welches Fleisch darf nach den jüdischen Speisegesetzen nicht gegessen werden?**

a. Rindfleisch
b. Schweinefleisch
c. Hühnerfleisch

**40. Welchen Apostel betrachtet die katholische Kirche als ersten Papst?**

a. Petrus
b. Jakobus
c. Thaddäus

**41. Wie heißt das jüdische Neujahrsfest?**

a. Klezmer
b. Rosch ha-Schana
c. Massel

**42. Was dürfen buddhistische Mönche nicht annehmen?**

a. Speisen
b. Medizin
c. Geld

**43. Was ist eine Bath-Mitzwa und eine Bar-Mitzwa?**

a. die Aufnahme eines Mädchens bzw. eines Jungen in die jüdische Gemeinde
b. eine Fastenwoche
c. eine Pilgerreise

**44. Wie heißt die Heilige Schrift der Juden?**

a. Gutenberg-Bibel
b. Tanach
c. Koran

**45. Welche Farben haben die Gewänder buddhistischer Mönche?**

a. Rot, Orange und Gelb
b. Blau und Grün
c. Schwarz und Gelb

**46. Wie heißt das religiöse Oberhaupt des tibetischen Buddhismus?**

a. Tenno
b. Mutter Theresa
c. Dalai-Lama

**47. Wer ruft vom Minarett aus zum muslimischen Gebet auf?**

a. der Kalif
b. der Muezzin
c. der Sultan

**48. Wer hat die Bibel ins Deutsche übersetzt?**

a. Pater Brown
b. Philipp Melanchthon
c. Martin Luther

**49. Welche Tiere sind für Hindus heilig und dürfen nicht geschlachtet werden?**

a. Kühe
b. Hühner
c. Ziegen

**50. Wie heißt die größte Kirche der Welt?**

a. der Kölner Dom
b. der Petersdom
c. der Bamberger Dom

**51. Wie heißt der jüdische Friedensgruß?**

a. Servus!

b. Schalom!

c. Merhaba!

**52. Welcher Staat wird vom Papst regiert?**

a. San Marino

b. Andorra

c. Vatikan

**53. Warum wird man konfirmiert?**

a. um viele Geschenke zu bekommen

b. um seinen Glauben zu bekräftigen

c. um besser in der Schule zu werden

**54. Was muss man ausziehen, wenn man eine Moschee betritt?**

a. seine Schuhe

b. seine Jacke

c. seine Handschuhe

**55. Was hat Martin Luther an der Schlosskirche von Wittenberg angeschlagen?**

a. ein Plakat

b. 95 Thesen

c. lateinische Vokabeln

**56. Was muss jeder Mann tragen, der eine Synagoge betritt?**

a. einen Schal
b. eine Kopfbedeckung
c. einen Mantel

**57. Was bedeutet das Wort „Bibel“ ursprünglich?**

a. Papyrusrolle
b. Geheimschrift
c. Nachricht

**58. An welcher berühmten Mauer beten viele Juden?**

a. an der Chinesischen Mauer
b. an der Berliner Mauer
c. an der Klagemauer

**59. Wie heißt der muslimische Fastenmonat?**

a. Ramadan
b. November
c. Wonnemonat Mai

**60. Wie heißt der höchste buddhistische Feiertag, der zu Ehren von Buddhas Geburt gefeiert wird?**

a. Bombay

b. Vesakh

c. Kalkutta

**61. Welche Stadt wird von den Juden als heilig angesehen?**

a. Nazareth

b. Bethlehem

c. Jerusalem

**62. Welche Getränke sind für Muslime verboten?**

a. Tee und Kaffee

b. Fruchtsäfte

c. alkoholische Getränke

**63. Welcher Riese wurde laut Bibel von David mit einer Steinschleuder getötet?**

a. Golem

b. Goliath

c. Golum

**64. Welches Fleisch darf laut Koran nicht von gläubigen Muslimen gegessen werden?**

a. Schweinefleisch
b. Lammfleisch
c. Rindfleisch

**65. Wie heißt der wöchentliche Ruhetag der Juden?**

a. Sabbat
b. Syltag
c. Ramtag

**66. Mit welchem Begriff beschreiben die Buddhisten das Wirken des Menschen gegenüber anderen Menschen und der Natur?**

a. Karl
b. Karo
c. Karma

**67. Wie heißt ein chinesischer buddhistischer Tempel?**

a. Pagode
b. Synagoge
c. Theologe

**68. Wie nennen Juden Lebensmittel, die als rein angesehen werden?**

a. koscher
b. lecker
c. essbar

**69. In Richtung welcher Stadt müssen sich Muslime beim Gebet verbeugen?**

a. in Richtung Bagdad
b. in Richtung Rom
c. in Richtung Mekka

**70. Welches jüdische Fest erinnert an den Auszug der Juden aus Ägypten?**

a. Petra
b. Paul
c. Passah

**71. Welches Gebet ist das wichtigste für einen Muslim?**

a. das Montagsgebet
b. das Mittwochsgebet
c. das Freitagsgebet

# Der Wetter-Check

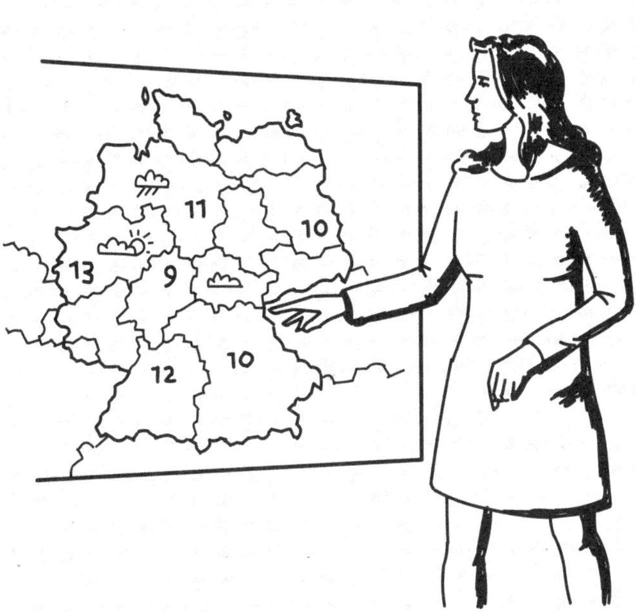

Checker Can

**1. Welche Wissenschaft erforscht die Atmosphäre und das Wetter?**

a. die Astronomie
b. die Archäologie
c. die Meteorologie

**2. Welcher Wind prägt das Wetter in den Tropen?**

a. der Konsum
b. der Monsun
c. der Tsunami

**3. Wie nennt man einen Nebel aus Ruß, Rauch und Abgasen, der sich in Städten bilden kann?**

a. Smart
b. Smoking
c. Smog

**4. Wodurch wird Wind erzeugt?**

a. durch Windmühlen
b. durch unterschiedlichen Luftdruck
c. durch Windkraftwerke

**5. Welcher warme, trockene Wind weht in den Alpen?**

a. der Föhn
b. die Rhön
c. der Törn

**6. Welche künstlichen Wolken ziehen Düsenflugzeuge oft hinter sich her?**

a. Nadelstreifen
b. Zebrastreifen
c. Kondensstreifen

**7. Welchen wissenschaftlichen Namen trägt die Wolkenkunde?**

a. Astrologie
b. Nephologie
c. Ornithologie

**8. Wie wird eine völlige Windstille von Seeleuten und Seglern genannt?**

a. Raute
b. Flaute
c. Rauke

**9. Wie hoch war die bislang höchste Windgeschwindigkeit, die in Deutschland gemessen wurde?**

a. 335 km/h
b. 225 km/h
c. 115 km/h

**10. Auf welcher Skala kann man die Windstärken ablesen?**

a. auf der Mailänder Skala
b. auf der Beaufortskala
c. auf der Richterskala

**11. Welche Wolke bildet sich unmittelbar über dem Boden?**

a. die Schleierwolke
b. der Nebel
c. die Tintenwolke

**12. Warum können Wolken bei Sonnenuntergang rot erscheinen?**

a. durch das Ansteigen der Sonnentemperatur
b. durch die Brechung des Lichts in der Atmosphäre
c. durch roten Staub in der Luft

**13. Was ist wichtig, damit sich eine Wolke bilden kann?**

a. eine hohe Luftfeuchtigkeit
b. ein kräftiger Wind
c. warmes Sommerwetter

**14. Welches einfache Gerät dient auf Brücken und Flugplätzen dazu, die Windrichtung anzuzeigen?**

a. der Windbeutel
b. der Windsack
c. die Windhose

**15. Wie nennt man einen heftigen, nur kurz anhaltenden Windstoß?**

a. Hui
b. Zug
c. Bö

**16. Wie wird die Windstärke 1 noch genannt?**

a. schneller Zug
b. leiser Zug
c. Eilzug

**17. Wann spricht man von einem Orkan?**

a. bei Windstärke 12
b. bei Windstärke 10
c. bei Windstärke 8

**18. Welcher starke Wind weht in tropischen Seegebieten rund um die Erde?**

a. das Passiv
b. der Pass
c. der Passat

**19. Welcher starke Wind aus nördlicher Richtung erreicht in Südfrankreich oft Sturmstärke?**

a. der Ural
b. das Futteral
c. der Mistral

**20. Wie nennt man die dem Wind zugewandte Seite eines Schiffes?**

a. Steuerbord
b. Luv
c. Heck

**21. Welcher Wüstenwind weht von Marokko nach Europa?**

a. der Sahel
b. der Berber
c. der Casablanca

**22. Was bewegt sich in der Atmosphäre mit 331,5 m in der Sekunde?**

a. der Schall
b. der Wanderfalke
c. die Libelle

**23. Welche dünne Schicht der Atmosphäre schützt uns vor der gefährlichen UV-Strahlung?**

a. die Oberschicht
b. die Ozonschicht
c. die Ölschicht

**24. Welche modernen Geräte benutzen Wissenschaftler, um unsere Atmosphäre zu erforschen?**

a. Mikroskope
b. Satelliten
c. Tachometer

**25. Wie nennt man ganz feinen Nebel, der die Sicht beeinträchtigt?**

a. Dunst
b. Tau
c. Reif

**26. Wie nennt man die Ringe, die man manchmal um Sonne oder Mond sieht?**

a. Planetenringe
b. Kugelblitze
c. Haloerscheinung

**27. Wie wird ein Sandsturm in Nordafrika genannt?**

a. Samurai
b. Samum
c. Samba

**28. Aus welcher Wolke kann ein Tornado entstehen?**

a. aus einer Schäfchenwolke
b. aus einer Gewitterwolke
c. aus einer Federwolke

**29. Warum ist Eis rutschig?**

a. weil die Eiskristalle glatt sind

b. weil die Wasserschicht auf dem Eis rutscht

c. weil Eis wie eine glatt polierte Oberfläche ist

**30. Wie nennt man aufsteigende, warme Luft?**

a. Thermik

b. Optik

c. Akustik

**31. Wo entstehen tropische Wirbelstürme?**

a. über dem Meer

b. über heißen Wüstengebieten

c. über Treibeis

**32. Wodurch entsteht der Donner nach einem Blitzschlag?**

a. durch den Einschlag in die Erde

b. durch das Entstehen eines Luftlochs

c. durch die explosionsartige Ausdehnung der Luft

**33. Welche Windgeschwindigkeit kann in einem Hurrikan erreicht werden?**

a. knapp 70 km/h
b. knapp 150 km/h
c. mehr als 250 km/h

**34. Bei welcher Art von Blitz leuchten bei der Entladung mehrere Punkte auf?**

a. beim Doppelblitz
b. beim Perlschnurblitz
c. beim Monsterblitz

**35. Wie hoch ist die durchschnittliche Lebensdauer eines Tornados?**

a. etwa 3 min
b. etwa 10 min
c. mehrere Tage

**36. Wie hoch ist in Deutschland bislang Schnee gefallen?**

a. bis 3,6 m
b. bis 5,1 m
c. bis 8,3 m

**37. In welche Richtung muss der Wind wehen, um aus einer Flut eine Sturmflut zu machen?**

a. in Richtung Land
b. in Richtung See
c. in nördliche Richtung

**38. Welche Gewitterform ist die häufigste in Deutschland?**

a. das tropische Gewitter
b. das Wintergewitter
c. das Wärmegewitter

**39. Welche Meeresströmung versorgt Europa mit warmem Wasser und somit auch mit warmer Luft?**

a. der Gleichstrom
b. der Golfstrom
c. der Wasserstrom

**40. Aus wie viel Prozent Sauerstoff besteht die Atmosphäre?**

a. aus 5 %
b. aus 10 %
c. aus 21 %

**41. Wie nennt man das durchschnittliche Wetter an einem Ort?**

a. Koma
b. Karma
c. Klima

**42. In welcher Höhe beginnt der Weltraum?**

a. in etwa 50 km Höhe
b. in etwa 100 km Höhe
c. in etwa 1.000 km Höhe

**43. Welche Kälte ist laut Bauernregel um den 11. Juni herum zu erwarten?**

a. die Schafskälte
b. die Ziegenkälte
c. die Schweinekälte

**44. Welche Temperatur ist die tiefste, die jemals in Deutschland gemessen wurde?**

a. -35,9 °C
b. -45,9 °C
c. -52,4 °C

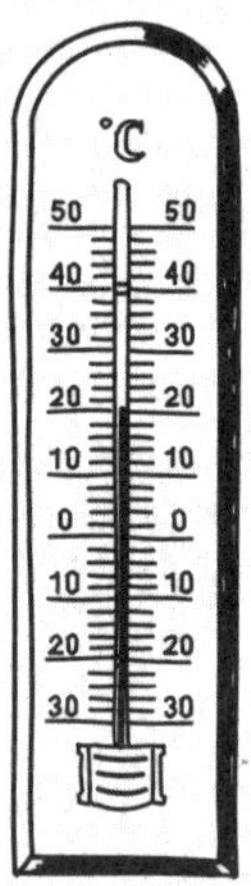

**45. Wie groß kann eine einzelne Schneeflocke werden?**

a. etwa 2 cm Durchmesser
b. knapp 6 cm Durchmesser
c. mehr als 10 cm Durchmesser

**46. Welche Gefahr bringen schwere Schneefälle in den Bergen mit sich?**

a. Lawinen
b. Muren
c. Gletscherspalten

**47. Wie viele Gewitter gibt es jeden Tag auf der Welt?**

a. etwa 10–50
b. etwa 60–100
c. etwa 2.000–3.000

**48. Auf welche Temperatur erhitzt ein Blitz die Luft?**

a. auf etwa 500 °C
b. auf etwa 10.000 °C
c. auf etwa 30.000 °C

**49. Welche Temperatur ist die höchste jemals auf der Erde gemessene?**

a. +45,9 °C
b. +62,3 °C
c. +70,7 °C

**50. Wie viele Sommertage gibt es durchschnittlich in Deutschland pro Jahr?**

a. 20 Sommertage
b. 30 Sommertage
c. 80 Sommertage

**51. In welcher Höhe über dem Erdboden wird von Meteorologen die Lufttemperatur gemessen?**

a. in 2 m Höhe
b. in 50 cm Höhe
c. in 5 m Höhe

# Der Mittelalter-Check

**1. Was ist ein Ritter?**

a. ein Reiterkrieger

b. ein Soldat

c. ein Bauer

**2. Wen bezeichnete man im Mittelalter als „Bürger“?**

a. nur Männer

b. alle Menschen

c. Bewohner eines Burgortes, einer befestigten Stadt oder eines Marktortes

**3. Wer konnte Ritter werden?**

a. Söhne und Dienstleute von Adeligen

b. jeder Bauer, der ein Pferd besaß

c. alle Jungen und Mädchen

**4. Wie süßte man im Mittelalter die Speisen?**

a. mit Zucker

b. mit Honig

c. gar nicht

**5. Welches Getränk kannten die Ritter noch nicht?**

a. Kaffee
b. Bier
c. Wein

**6. Woher kommt die Redensart „auf großem Fuß“ leben?**

a. von den Stelzen, auf denen die Reichen gingen
b. von den riesigen Füßen, die die Reichen hatten
c. von den Schnabelschuhen, die die Reichen trugen

**7. Wovon ernährten sich die Armen im Mittelalter hauptsächlich?**

a. Brot und Hirsebrei
b. Obst und Gemüse
c. Fleisch

**8. Aus welchem Material wurden im Mittelalter Flaschen hergestellt?**

a. aus Glas
b. aus Porzellan
c. aus Zinn oder Blech

**9. Wie viele Mahlzeiten pro Tag waren im Mittelalter üblich?**

a. vier Mahlzeiten
b. zwei Mahlzeiten
c. drei Mahlzeiten

**10. Wer waren die Ärzte im Mittelalter?**

a. Hexen
b. Priester
c. Klostermediziner und Wunderheiler

**11. Wem war der Ritter zur Treue verpflichtet?**

a. seiner Gemahlin
b. seinem Lehrer und Trainer
c. seinem Dienstherrn

**12. Seit welcher Zeit waren Ritter angesehene Leute und konnten wie Adelige leben?**

a. seit dem 12./13. Jahrhundert
b. seit dem frühen Mittelalter (um 750)
c. Ritter waren niemals angesehene Leute.

**13. Auf was legte man im Mittelalter in Europa besonderen Wert?**

a. auf Sauberkeit
b. auf Schulbildung aller Kinder
c. auf eine christliche Erziehung

**14. Wer erzog die adeligen Jungen?**

a. der Vater
b. die Mutter
c. ein Diener

**15. In welchem Alter begann die Ausbildung zum Ritter?**

a. im Alter von 7 Jahren
b. im Alter von 14 Jahren
c. im Alter von 18 Jahren

**16. Was versteht man noch heute unter „Ritterlichkeit“?**

a. fair zu sein und sich gut benehmen zu können
b. gut reiten zu können
c. sportlich zu sein

## 17. Wo fand die Ausbildung als Ritter statt?

a. an einem fremden Adelshof

b. in einem Kloster

c. auf einem Landgut

## 18. Wie nannte man die Jungen und junge Männer, die in der Ausbildung zum Ritter waren?

a. Lehrlinge

b. Ritterlinge

c. Pagen und Knappen

## 19. In welchem Alter wurden junge Männer in den Ritterstand aufgenommen?

a. mit etwa 15 Jahren

b. mit etwa 21 Jahren

c. mit etwa 12 Jahren

## 20. Was war der „Ritterschlag"?

a. Man schlug dem Knappen auf die Nase.

b. Man schlug dem Knappen mit der Handkante in den Nacken.

c. Man schlug dem Knappen auf den Po.

**21. Wer begleitete den Ritter in der Schlacht?**

a. die Gemahlin
b. der Page
c. der Knappe

**22. Wie hieß die Zeremonie, bei der der Knappe in den Ritterstand aufgenommen wurde?**

a. Schwertlilie
b. Schwertleite
c. Mönchsweihe

**23. Kämpften in Kriegszeiten nur Ritter gegeneinander?**

a. Ja, nur sie hatten Waffen.
b. Nein, die Frauen und Kinder kämpften mit.
c. Nein, denn es gab noch andere Soldaten.

**24. Was meint man heute damit, wenn man sagt: „Er kämpft mit offenem Visier"?**

a. Er kämpft mit eindeutigen Mitteln.
b. Er ist leichtsinnig.
c. Er ist mutig.

**25. Aus welchem Material bestand eine Ritterrüstung?**

a. aus Bronze

b. aus Silber

c. aus Eisen oder Stahl

**26. Wovor schützte ein Kettenhemd?**

a. vor Verletzungen durch die meisten Waffen

b. vor gar nichts

c. vor Kälte

**27. Wie schwer war eine Rüstung?**

a. etwa 10 kg

b. etwa 20 kg

c. etwa 100 kg

**28. Was trugen die Ritter unter ihrer Rüstung?**

a. Unterhosen

b. lange Beinlinge, Unterhemd und Stiefel

c. einen Keuschheitsgürtel

**29. Wann zogen die Ritter ihre Rüstung an?**

a. jeden Tag

b. zum Treffen mit ihrer Liebsten

c. bei Turnieren und Übungen sowie im Kriegsfall

**30. Kam der Ritter mit der Rüstung allein auf sein Pferd?**

a. ja, ganz alleine

b. ja, mit Hilfe des Knappen

c. nein, nur mit technischer Hilfe

**31. Welche Körperteile des Ritters waren durch die Rüstung nur wenig geschützt?**

a. der Kopf und die Hände

b. die Achseln, der Hals und der Bereich zwischen den Beinen

c. der Po und die Waden

**32. Warum trug der Ritter auf seinem Schild oder der Rüstung ein Wappen?**

a. als Zeichen seiner Treue zu seiner Frau

b. um den Gegner einzuschüchtern

c. als Zeichen seiner Herkunft und um in der Schlacht nicht mit dem Gegner verwechselt zu werden

**33. Mit welcher Waffe konnte man den Ritter trotz Rüstung verwunden?**

a. mit dem Schlachthobel
b. mit der Kampfkugel
c. mit dem Streithammer

**34. Wie schwer war das Schwert eines Ritters?**

a. 100–500 g
b. 1,3–1,8 kg
c. 500–800 g

**35. Mit welchen Waffen kämpfte ein Ritter hauptsächlich?**

a. mit Lanze, Schwert, Hellebarde
b. mit Pistole und Gewehr
c. mit der Kanone

**36. Was bedeutet „für jemanden eine Lanze brechen"?**

a. man macht etwas kaputt
b. man besiegt jemanden
c. man setzt sich für jemanden ein

**37. Wie viele Bewaffnete verteidigten eine Burg bei Angriffen?**

a. nur der Ritter selbst
b. ungefähr 20–25 Mann
c. etwa zwei Männer

**38. Wo fand vermutlich das erste deutsche Ritterturnier statt?**

a. in Speyer
b. in Würzburg
c. in Köln

**39. Wer saß als Zuschauer auf den Tribünen, die um den Kampfplatz aufgebaut waren?**

a. Bürger mit Familien
b. Bauern mit Familien
c. Adelige, ihre Frauen und Gefolgsleute

**40. Wozu wurden Turniere veranstaltet?**

a. um für den Kriegsfall zu üben
b. zur Unterhaltung des Volkes
c. um Eintrittsgelder einzunehmen

**41. Was musste der Verlierer in einem Turnier an den Sieger abgeben?**

a. Pferd, Rüstung, Geld

b. seinen Knappen

c. seine Frau und seine Kinder

**42. Wie lange baute man an einer Burg?**

a. mehrere Wochen

b. mehrere Monate

c. mehrere Jahre

**43. Wo lebten die Ritter, die keine Burg besaßen?**

a. in Hütten

b. in Ritterhäusern auf dem Land

c. in Stadtwohnungen

**44. Was ist das Besondere an einer Zugbrücke?**

a. Sie ist beweglich.

b. Sie ist unbeweglich.

c. Sie besteht aus einer Leiter.

**45. Wie kalt war es im Winter in einer Burg?**

a. gar nicht kalt, da es genügend Kamine gab

b. Burgen gab es nur in Italien, dort ist es nie richtig kalt.

c. sehr kalt, da es kaum verglaste Fenster gab

**46. Was war der Bergfried?**

a. der treue Knecht des Burgherrn

b. der unbewohnbare Hauptturm der Burg

c. der Berghang vor der Burg

**47. Woher kam auf der Burg das Trinkwasser?**

a. aus dem Brunnen

b. aus dem Burggraben

c. aus der Wasserleitung

**48. Wie lang ist die längste Burganlage Europas?**

a. etwa 300 m

b. etwa 1.000 m

c. etwa 2.000 m

**49. Warum mussten die Wohnräume einer Burg oft ausgemistet werden?**

a. weil dort zum Wärmen Stroh ausgelegt war
b. weil die Ritter so viel Dreck machten
c. weil sich dort auch Pferde aufhielten

**50. Wer durfte eine Burg bauen?**

a. jeder, der genug Geld hatte
b. nur der König
c. alle Männer

**51. Was durfte auf keiner christlichen Burg fehlen?**

a. eine Kapelle und ein Wehrgang
b. ein Kreuz und eine Pferdekoppel
c. ein Bischof und viele Mönche

**52. Was war in Friedenszeiten die größte Gefahr für die Burgbewohner?**

a. Mauereinstürze
b. Erdbeben
c. Brand

**53. Wohin gingen die Ritter auf der Burg, wenn sie aufs Klo mussten?**

a. ins Freie

b. in den Stall

c. in den Abtritterker

**54. Welche Aufgaben hatte der Burgherr?**

a. Verwaltung, Rechtsprechung, Jagd

b. Pferdezucht und Waffenpflege

c. Minnesang und Unterhaltung seiner Bürger

**55. Wofür war die Burgherrin zuständig?**

a. für die Falkenjagd

b. für Kinder und Haushalt

c. für medizinische Hilfen

**56. Was nennt man Minnesang?**

a. mittelalterliche Volksmusik

b. in Liedform vorgetragene Liebesgedichte

c. ritterliche Marschmusik

**57. Was ist ein Troubadour?**

a. ein ritterlicher Hufschmied

b. ein Leihsoldat

c. ein Sänger am ritterlichen Hofe

**58. Warum haben mittelalterliche Adelige auf Gemälden wahrscheinlich meistens die Lippen geschlossen?**

a. weil es dem Geschmack der Zeit entsprach und womöglich auch, damit man ihre schlechten Zähne nicht sehen konnte

b. weil sie meistens schlechte Laune hatten

c. weil sie so vornehmer aussahen

**59. Wie viele Ritter wohnten in Friedenszeiten neben dem Burgherrn auf einer Burg?**

a. 20–30

b. ca. zehn

c. ca. drei und ein paar Soldaten

**60. Welche Spiele waren schon im Mittelalter bekannt?**

a. Schach und Backgammon

b. Mikado und Skat

c. Mensch ärgere dich nicht sowie Mau-Mau

**61. Wie oft badeten Adelige im Mittelalter?**
a. einmal pro Woche
b. einmal im Monat
c. einmal pro Tag

**62. Was war typisch für die Haarmode bei Frauen im Spätmittelalter?**
a. lange, offene Haare
b. kunstvolle Haarmuscheln, Walzen und Hörner
c. Glatzen

**63. Wie putzte man sich bei Hofe die Zähne?**
a. mit Zahnbürste und Wasser
b. mit dem Finger und Heilkräutern
c. Man kaute Kardamom oder Süßholz.

**64. Auf welchem Instrument spielte der Hofnarr auf einem mittelalterlichen Fest?**
a. auf der Geige
b. auf dem Klavier
c. auf der Laute

**65. Wer durfte im Mittelalter purpurrote Gewänder tragen?**

a. der Knappe

b. der Hochadel

c. die erstgeborene Tochter

**66. Mussten sich die Ritter vor dem Essen die Hände waschen?**

a. Nein, sie sparten Wasser.

b. Ja, aber nur wenn die Hände schmutzig waren.

c. Ja, natürlich.

**67. Was benutzte man im Mittelalter als Teller?**

a. flache Brotscheiben

b. Teller aus Keramik

c. Holzbrettchen

**68. Welches Essbesteck nutzte man im Mittelalter bei Hofe?**

a. Messer, Löffel und Gabel

b. Stäbchen

c. Finger und Holzlöffel

# Hast du's gewusst? – Die Lösungen

**1.** Antwort a ist richtig. Walbabys werden im Meer geboren. Sie kommen nicht mit dem Kopf, sondern mit der Schwanzflosse zuerst auf die Welt.

**2.** Antwort c ist richtig. Männchen und Weibchen kann man nicht unterscheiden, denn Regenwürmer sind Zwitter. Das heißt, sie besitzen gleichzeitig männliche und weibliche Fortpflanzungsorgane. Wenn die Tiere geschlechtsreif sind, bildet sich eine Hautverdickung, der so genannte Gürtel, der näher am Kopfende liegt.

**3.** Antwort c ist richtig. Die Mustangs sind die Nachkommen verwilderter Pferde, die die Spanier vor etwa 500 Jahren mit nach Amerika brachten. Sie leben noch heute in kleinen Herden im Süden der USA.

**4.** Antwort c ist richtig. Wenn die Amsel den hinteren Teil eines Regenwurms erwischt hat, ist es möglich, dass er trotzdem weiterlebt. Denn sein Vorderteil ist mit den lebenswichtigen Organen ausgestattet. Ein abgetrenntes Hinterteil ist nicht lebensfähig und stirbt sofort ab.

**5.** Antwort b ist richtig. Der Bau der Roten Waldameise kann bis zu 2 m hoch werden. Meist wird er an sonnigen Waldrändern angelegt. Die oberen Schichten bestehen aus Blattnadeln, die inneren aus Erdmaterial. Regenwasser kann nicht eindringen.

**6.** Antwort c ist richtig. Die Lipizzaner werden für die Spanische Hofreitschule in Wien gezüchtet. Es sind hauptsächlich Schimmel, können aber gelegentlich auch Braune und Rappen sein.

**7.** Antwort a ist richtig. Bis zu 2 Millionen Tiere können in einem Ameisenbau leben.

**8.** Antwort a ist richtig. Grüne Pflanzen können ihre benötigte Energie (Zucker) mithilfe von Sonnenlicht selbst herstellen, Tiere können das nicht.

**9.** Antwort b ist richtig. Insekten haben sechs Beine. Sie können, abhängig von ihrer Funktion, unterschiedlich gestaltet sein, besitzen jedoch immer den gleichen Grundaufbau. Sie bestehen aus Hüfte, Schenkelring, Oberschenkel, der Schiene sowie einem gegliederten Fuß.

**10.** Antwort c ist richtig. Walmütter bringen stets nur ein Junges zur Welt. Die Tragzeit dauert je nach Walart 9–16 Monate. Nach der Geburt wird das Jungtier an die Wasseroberfläche gebracht, damit es atmen kann.

**11.** Antwort c ist richtig. Die meisten Insektenarten haben zwei Paar, also insgesamt vier Flügel. Es gibt aber auch flügellose Insekten.

**12.** Antwort b ist richtig. Der Riesenbockkäfer aus Brasilien ist mit 17 cm Körperlänge die längste Käferart der Welt. Er ist länger als eine Maus.

**13.** Antwort a ist richtig. Die letzte Wildpferdeart verdankt ihren Namen dem russischen General Nikolai M. Przewalski. Er hat Ende des 19. Jahrhunderts die letzte Herde dieser Pferde in Zentralasien aufgespürt.

**14.** Antwort c ist richtig. Der größte Käfer Europas ist der Hirschkäfer. Die Männchen sind zwischen 2,5 und 7,5 cm lang. Nach der Paarung im Frühsommer legt das Weibchen Eier in die Erde an der Außenseite morscher Baumstubben oder an Wurzeln lebender Bäume.

**15.** Antwort c ist richtig. Das Nashorn ist kein fleischfressendes Raubtier, sondern ein Pflanzenfresser. Das Horn auf der Nase kann als Waffe im Kampf gegen andere Tiere oder Artgenossen eingesetzt werden.

**16.** Antwort a ist richtig. Riesenschlangen sind ungiftig und töten ihre Beute durch Umschlingen. Deswegen werden sie auch als Würgeschlangen bezeichnet.

**17.** Antwort b ist richtig. Pferde sind Zehenspitzengänger, die allein auf der dritten, mittleren Zehe laufen. Affen und Bären sind dagegen Sohlengänger, das heißt, die ganze Fußsohle berührt den Boden.

**18.** Antwort c ist richtig. Der Kaiserpinguin kann bis zu 535 m tief tauchen und im Notfall 20 min unter Wasser bleiben. Um schneller abzusinken und tiefer tauchen zu können, schlucken Pinguine Steine.

**19.** Antwort a ist richtig. Besonders große Ohren hat der Afrikanische Elefant. Diese können einen Durchmesser von 2 m erreichen.

**20.** Antwort b ist richtig. Säugetiere gebären ihre Jungen und säugen sie mit Milch.

**21.** Antwort a ist richtig. Als Wirbeltiere bezeichnet man alle Tiere, die eine Wirbelsäule haben. Zu den Wirbeltieren zählen Säugetiere, Vögel, Kriechtiere, Frösche, Lurche und Fische.

**22.** Antwort c ist richtig. Das kleinste Wirbeltier der Welt ist ein Frosch aus Papua-Neuguinea. Er wird nur 7–8 mm lang.

**23.** Antwort c ist richtig. Beim Welsh-Pony gibt es vier Sektionen. Der Hauptunterschied zwischen den Sektionen ist die Größe der Ponys. A ist das kleinste Pony mit einem Stockmaß bis 1,22 m, während D mit über 1,50 m das größte Pony ist.

**24.** Antwort a ist richtig. Das größte Wirbeltier der Welt ist der Blauwal. Er wird bis zu 33 m lang. Damit ist der Blauwal das größte Tier, das auf der Erde lebt.

**25.** Antwort a ist richtig. Koalas sind Pflanzenfresser und ernähren sich fast ausschließlich von Blättern und Rinde sowie von Früchten ganz bestimmter Eukalyptusarten. Ein erwachsener Koala benötigt pro Tag rund 500 g Blätter.

**26.** Antwort c ist richtig. Känguruweibchen bringen ein Junges zur Welt. Sie haben einen Beutel, in dem sich das Jungtier aufhält, der sich nach vorne öffnet und vier Zitzen enthält.

**27.** Antwort c ist richtig. Die Kreuzotter ist eine bei uns in Mitteleuropa lebende Giftschlange. Ihr Biss kann bei Kindern und alten Menschen aber nur dann lebensgefährlich sein, wenn man nicht sofort zum Arzt geht.

**28.** Antwort a ist richtig. Kolibris fliegen mit bis zu 90 Flügelschlägen pro Sekunde. So können sie auch rückwärts oder seitwärts fliegen oder in der Luft stehen bleiben.

**29.** Antwort b ist richtig. Etwa ein Jahr lang ernährt sich das Walbaby von Muttermilch. Die Zitzen der Walmutter liegen verborgen in Hautfalten am Bauch.

**30.** Antwort c ist richtig. Es wird der Affe Affenchef, der am beliebtesten ist, weil der im Gefahrenfall die meisten Anhänger hinter sich hat. Meistens ist so ein Affe zwischen 10 und 15 Jahre alt, also im besten Mannesalter, denn stark muss er auch sein. Wenn sich ein Affenmännchen als Chef durchgesetzt hat, bleibt es für etwa 2-5 Jahre Chef der Gruppe. Dann wird er abgelöst.

**31.** Antwort a ist richtig. Das Flusspferd, das auch Nilpferd genannt wird, lebt in Afrika südlich der Sahara und besiedelt dort langsam fließende Gewässer.

**32.** Antwort b ist richtig. Ein Pferd hat normalerweise eine Körpertemperatur von 37,5 °C bis 38,2 °C. Bis 38,9 °C spricht man von erhöhter Temperatur, ab 39 °C von Fieber.

**33.** Antwort c ist richtig. Ein Flusspferd wiegt zwischen 2.700 und 4.500 kg und ist damit das zweitschwerste Landtier der Welt.

**34.** Antwort a ist richtig. Beim Afrikanischen Elefanten haben auch die Weibchen Stoßzähne. Sie können beim Männchen bis 3 m lang und 100 kg schwer sein. Der größte je gefundene Stoßzahn misst 3,50 m.

**35.** Antwort b ist richtig. Elefanten können nicht schwitzen. Nur über die gut durchbluteten Ohren kann überschüssige Wärme abgegeben werden. Deshalb sind die Ohren auch so groß.

**36.** Antwort b ist richtig. Tiger leben vor allem in Asien (Indien, China, Südostasien, Sumatra und Indonesien). Der Tiger ist wegen der schwarzen Streifung auf goldgelbem bis rotbraunem Grund eine unverkennbare Katze.

**37.** Antwort a ist richtig. Wie wir Menschen, so schwitzen auch Pferde, wenn sie Angst haben.

**38.** Antwort a ist richtig. Tigerweibchen bringen nach der Paarung meist zwei oder drei, selten ein bis sechs Junge zur Welt. Die Tigerjungen bleiben bis zu drei Jahre lang bei ihrer Mutter.

**39.** Antwort a ist richtig. Der Große Panda, der auch Pandabär genannt wird, ist ein Raubtier, das sich ausschließlich von Pflanzen (Bambus) ernährt. Seine Vorfahren waren jedoch Fleischfresser.

**40.** Antwort b ist richtig. Der Grizzly ist eine Braunbären-Unterart, die in den Rocky Mountains der USA und in Kanada lebt. Er ist kräftiger als europäische Braunbären und gilt als aggressiver.

**41.** Antwort a ist richtig. Wenn ein Pinguin in den Tiefschlaf fällt, so liegt er dabei auf seinem Bauch. An Land dösen Pinguine in der Regel nur einige Zeit im Stehen, bevor sie nach vorne kippen.

**42.** Antwort b ist richtig. Bartenwale haben zwei Nasenlöcher, die eine v-förmige Fontäne erzeugen. Das Nasenloch nennt man bei Walen auch „Blasloch".

**43.** Antwort b ist richtig. Die Angorakatze ist eine Katzenrasse mit einem langhaarigen, seidigen Fell. Die aus der Türkei stammende Angorakatze ist eine der ältesten Langhaarrassen. Bereits im 17. Jahrhundert gelangte sie mit italienischen Seefahrern nach Europa.

**44.** Antwort b ist richtig. Die meisten Vogelarten können fliegen, aber flugunfähig sind Pinguine und Laufvögel (zum Beispiel der Vogel Strauß).

**45.** Antwort c ist richtig. Giraffen können nicht gut schwimmen, aber schnell rennen.

**46.** Antwort b ist richtig. Der Kuckuck ist ein Brutschmarotzer. Das Weibchen legt je ein Ei in ein fremdes Nest, meist das einer Singvogelart, und lässt es dort ausbrüten. Wenn der junge Kuckuck geschlüpft ist, wirft er die restlichen Eier oder Jungen aus dem Nest und lässt sich von den fremden Vogeleltern füttern.

**47.** Antwort a ist richtig. Den Tempowechsel innerhalb einer Gangart (Wechsel zwischen den verschiedenen Größen der Schritte, Tritte und Sprünge) muss ein Dressurpferd beherrschen. Beim Trab unterscheidet man zum Beispiel zwischen Arbeits-, Mittel-, versammeltem und starkem Trab.

**48.** Antwort b ist richtig. Das Leistenkrokodil wird auch Salzwasserkrokodil genannt. Die Männchen erreichen im Durchschnitt eine Länge von 4-5 m, die Weibchen werden nicht ganz so groß.

**49.** Antwort a ist richtig. Männliche Eisbären wiegen 300–800 kg, wobei das Gewicht nicht nur zwischen verschiedenen Exemplaren sehr stark variieren kann, sondern aufgrund jahreszeitlicher Schwankungen sehr starke Unterschiede aufweist.

**50.** Antwort c ist richtig. Wegen der guten Schallleitfähigkeit des Wassers lassen sich die Gesänge der Wale noch in einer Entfernung von mehreren 100 bis einigen 1.000 km wahrnehmen.

**51.** Antwort b ist richtig. Delfine können bis zu 55 km pro Stunde schwimmen. Auf der Jagd tauchen sie bis zu 300 m tief. Delfine nähern sich auch gerne Schiffen, um auf deren Wellen zu reiten.

**52.** Antwort b ist richtig. Die weiblichen Eisbären gebären ihre Jungen in Erd- oder Schneehöhlen. Sie halten sich dort einen Monat vor und drei Monate nach der Geburt auf.

**53.** Antwort c ist richtig. Die größten und schwersten der 250 Knochen sind die Oberschenkel, Beckenknochen und Schulterblätter eines Pferdes.

**54.** Antwort a ist richtig. Die Haut des Eisbären ist schwarz gefärbt, die Haare seines Fells sind weiß. Eine mehr als 10 cm dicke Fettschicht schützt den Eisbär vor Kälte. Die dicht behaarten Fußsohlen halten warm und verhindern, dass das Tier auf dem Eis ausrutscht.

**55.** Antwort c ist richtig. Den richtigen Weg finden Zugvögel, indem sie sich am Magnetfeld der Erde oder an der Sternenkonstellation orientieren. Ihr Magnetsinn befindet sich wahrscheinlich im Auge, genau weiß man es aber noch nicht.

**56.** Antwort c ist richtig. Wenn ein Küken aus dem Ei schlüpft, dann bricht es mit dem Eizahn – auch Hornhöcker genannt – die Schale von innen auf. Erst dann schiebt es die Füße in die entgegengesetzte Richtung.

**57.** Antwort a ist richtig. Es gibt keine Pinguine auf der Nordhalbkugel. Sie leben nur in den offenen Meeren der Südhalbkugel, vor allem in den Küstengewässern der Antarktis (Südpol).

**58.** Antwort c ist richtig. Die kleinste Vogelart der Welt ist eine Kolibriart, die Bienenelfe. Sie misst samt Schnabel und Schwanzfedern nur 6 cm.

**59.** Antwort c ist richtig. Rochen haben einen abgeflachten Körper und flügelähnliche Flossen. Beim Schwimmen bewegen sie die Flossen auf und ab, als würden sie durchs Wasser fliegen.

**60.** Antwort b ist richtig. Beim Pupsen entweicht unter anderem der stinkende Schwefelwasserstoff, der beim Verdauungsvorgang gebildet wird. Er wird auch „Faule-Eier-Gas“ genannt.

**61.** Antwort a ist richtig. Kriechtiere besitzen eine Haut mit Hornschuppen, einen Schwanz und meist vier Beine, die bei Schlangen und Schleichen zurückgebildet wurden.

**62.** Antwort a ist richtig. Die größten Würgeschlangen der Welt sind die in den Sumpflandschaften Südamerikas lebende Große Anakonda (8-9 m lang) und dem in den Regenwäldern Indiens und auf den Philippinen lebenden Netzpython (5-6 m lang).

**63.** Antwort a ist richtig. Pferde brauchen nicht schwimmen zu lernen, sie können es von Geburt an.

**64.** Antwort c ist richtig. Der in den heißen Wüstengebieten Australiens lebende Inland-Taipan ist die giftigste Schlange der Welt. Die bei einem Biss abgesonderte Giftmenge reicht aus, um etwa 100 erwachsene Menschen oder 250.000 Mäuse zu töten.

**65.** Antwort b ist richtig. Das Riesengürteltier hat bis zu 20 cm lange Krallen, die längsten im Tierreich. Mit ihnen kann es Termitenhügel aufreißen und sich so seine Hauptnahrung (Termiten und ihre Larven) beschaffen.

**66.** Antwort a ist richtig. Kängurus sind Pflanzenfresser. Zusammen mit dem Emu ist das Känguru Wappentier Australiens.

**67.** Antwort a ist richtig. Große Riesenschlangen-Arten können 7-10 m lang werden, wie zum Beispiel die Grüne Anakonda, die schon mit einer Länge von 9,62 m gefunden wurde. Riesenschlangen können wegen ihrer Kraft auch für Menschen gefährlich sein.

**68.** Antwort b ist richtig. Delfine senden Schallwellen aus, die auf Felsen oder andere Tiere treffen und dann zurückgeworfen werden. Der Delfin fängt die Schallwellen wieder auf und kann so die Entfernung einschätzen.

**69.** Antwort b ist richtig. Meeresschnecken atmen mit Kiemen, die in der sogenannten Mantelhöhle liegen.

**70.** Antwort c ist richtig. Einige Schildkrötenarten können sehr alt werden. Die bis zu 1,20 m langen Galápagos-Riesenschildkröten können ein Alter von 180 Jahren erreichen. Die in Europa lebende Maurische Landschildkröte kann bis zu 160 Jahre alt werden.

**71.** Antwort c ist richtig. Mit ihren Rufen (Balzrufen) wollen die Männchen der Kröten und Frösche zur Paarungszeit im Frühling Weibchen anlocken.

**72.** Antwort b ist richtig. Der Löwe ist das größte Landraubtier Afrikas. Er lebt in den Savannen südlich der Sahara.

**73.** Antwort a ist richtig. Spinnentiere haben acht Laufbeine. Sie sind also keine Insekten!

**74.** Antwort c ist richtig. Das Milchgebiss besteht aus 24 Zähnen, das Dauergebiss aus 36 Zähnen. Hengste haben manchmal noch vier weitere Zähne, die sogenannten Hakenzähne.

**75.** Antwort c ist richtig. Pfeilgiftfrösche verspeisen giftige Beuteinsekten und häufen deren Gift in ihrem Körper an. Nachkommen von Tieren, die in Gefangenschaft gehalten wurden, besitzen in den meisten Fällen kein Hautgift mehr.

**76.** Antwort c ist richtig. Austern sind Muscheln, die sich von Plankton ernähren, das sie aus ihrem Atemwasser filtern. Sie saugen dabei Wasser in die leicht geöffnete Schale.

**77.** Antwort c ist richtig. In der Nordsee leben Dornhaie und Katzenhaie. Sie sind aber für Menschen ungefährlich.

**78.** Antwort b ist richtig. Ob eine Rasse als Rasse anerkannt wird, darüber entscheiden in den meisten Fällen die Zuchtverbände, die es in fast jedem Land gibt. Es gibt weltweit rund 200 anerkannte Rassen.

**79.** Antwort c ist richtig. Mit einem stark nach unten gebogenen, aufgeplusterten Schwanz drückt die Hauskatze Angriffslust aus.

**80.** Antwort c ist richtig. Krokodile legen ihre Eier in Nester. Man unterscheidet Hügelnester aus aufgeschichtetem Pflanzenmaterial oder Grubennester im Boden, die oft mit Pflanzen bedeckt werden.

**81.** Antwort a ist richtig. Der Afrikanische Strauß ist die größte lebende Vogelart der Welt. Das natürliche Verbreitungsgebiet des Straußes ist Afrika, insbesondere Ost- und Südafrika. Ausgestorben ist er auf der Arabischen Halbinsel, in Westasien sowie in Afrika nördlich der Sahara.

**82.** Antwort b ist richtig. Die männlichen Giraffen, auch Bullen genannt, erreichen eine Körperhöhe von bis zu 5,50 m, Weibchen sind kleiner.

**83.** Antwort c ist richtig. Die Feldlerche legt ihr Nest gut versteckt in einer Bodenvertiefung an und webt Grashalme und Wurzeln ein.

**84.** Antwort b ist richtig. Wenn man dem Haushuhn (Legerasse) regelmäßig das gelegte Ei wegnimmt, kann es pro Jahr 250–300 Eier legen.

**1.** Antwort a ist richtig. Die bislang ältesten Steinwerkzeuge stammen aus Afrika. Sie bestanden aus dünnen Klingen, die von größeren Steinen abgeschlagen wurden.

**2.** Antwort c ist richtig. Der Faustkeil wurde vor gut 2 Millionen Jahren erfunden und gilt als die älteste Erfindung der Menschheit.

**3.** Antwort a ist richtig. Die ersten Rolltreppen wurden um 1900 in den USA gebaut. Die längste Rolltreppe der Welt ist 155 m lang und befindet sich in der amerikanischen Stadt Washington D. C.

**4.** Antwort c ist richtig. Der älteste Bumerang wurde in der „Oblazowa-Höhle" in den polnischen Karpaten gefunden. Er ist sage und schreibe 21.000 Jahre alt.

**5.** Antwort b ist richtig. Die Toilette mit Wasserspülung erfand 1591 der Engländer John Harington.

**6.** Antwort c ist richtig. Das Fernrohr (Teleskop) erfand 1608 der niederländische Brillenmacher Hans Lipperhey. Der italienische Physiker und Astronom Galilei hörte von dieser Erfindung, baute das Gerät 1609 nach und konnte damit die vier großen Jupitermonde entdecken.

**7.** Antwort c ist richtig. Das erste Sicherheitsstreichholz entwickelte 1848 der deutsche Chemiker Rudolf Christian Boettger. Es wird so genannt, da es sich nur an einer speziellen Reibfläche entzünden lässt. So ist sichergestellt, dass sich die Hölzchen nicht selbst entzünden.

**8.** Antwort b ist richtig. Der italienische Maler, Erfinder und Bildhauer Leonardo da Vinci schuf schon um 1500 das Modell eines funktionsfähigen zweirädrigen Fahrrads. Da die Straßen damals alle noch sehr uneben waren und sein Modell keine Gummireifen hatte, wurde es aber nicht in Serie gebaut.

**9.** Antwort b ist richtig. Der Magnetkompass, den Seefahrer seit dem 12. Jahrhundert zur Orientierung nutzten, wurde in China erfunden.

**10.** Antwort c ist richtig. Das Telefon erfand 1849 der Italiener Antonio Meucci, er konnte aber seine Erfindung nicht rechtzeitig zum Patent anmelden. Das Patent besitzt Alexander Graham Bell. Er gilt deshalb als der Erfinder des Telefons.

**11.** Antwort c ist richtig. Die ersten Schuhe aus Leder, die den Fuß ganz umschlossen, trug man um 1500 v. Chr. in Mesopotamien, dem Gebiet der heutigen Türkei, Syriens und des Iraks.

**12.** Antwort c ist richtig. Die ersten Rollschuhe, die Joseph Merlin 1760 erfand, hatten zwei Räder. Sie sahen ein bisschen so aus wie die heutigen Rollerblades. Vierrädrige Rollschuhe wurden erst 1863 von dem Amerikaner James Plimpton erfunden.

**13.** Antwort b ist richtig. Das Fluggerät, das der deutsche Ingenieur Otto Lilienthal entwickelte, nennt man Starrflügelgleiter. Bevor er es baute, beobachtete er genau den Vogelflug, der ihm als Vorbild diente.

**14.** Antwort b ist richtig. Das erste vollelektronische Fernsehbild konnte der Deutsche Manfred von Ardenne 1930 in Berlin zeigen.

**15.** Antwort a ist richtig. Die Dampfmaschine, die der Engländer Thomas Newcomen 1712 erfunden hatte und die von James Watt im Jahr 1769 verbessert wurde, war die erste arbeitende Maschine. Sie wandelt die Wärmeenergie des Dampfs in mechanische Energie um.

**16.** Antwort a ist richtig. Das Feuerzeug erfand 1823 der deutsche Chemiker Johann Wolfgang Döbereiner. Die amerikanische Firma „Repeating Light Co." entwickelte seine Erfindung als Taschenfeuerzeug weiter und ließ sich das Verfahren 1865 patentieren.

**17.** Antwort a ist richtig. 1950 gelang es dem Franzosen Marcel Bich den ersten klecksfreien Kugelschreiber herzustellen. Bereits 1938 hatten der Maler Ladislao Birö und der Chemiker Georg Birö einen funktionstüchtigen Kugelschreiber erfunden, der, statt mit einer Feder, mit einer Kugel schrieb, aber eben kleckste.

**18.** Antwort c ist richtig. Das erste Brot stellten die Ägypter um 2.600 v. Chr. aus Sauerteig her. Sauerteig besteht aus Mehl und Wasser, der durch Hefe oder Milchsäurebakterien in Gärung gehalten wird.

**19.** Antwort a ist richtig. Die ersten Räder, die um 3.500 v. Chr. genutzt wurden, bestanden aus Holz oder Stein.

**20.** Antwort c ist richtig. Der Esel wurde schon um 3.500 v. Chr. zum Tragen von Lasten genutzt und gilt damit als das älteste Lasttier der Menschheit.

**21.** Antwort b ist richtig. Zuckerwatte wurde 1830 von einem amerikanischen Zahnarzt erfunden. Dabei wird in einer Zuckerwattemaschine Zucker oder Ahornsirup erhitzt, verflüssigt und zu weichen Fäden gesponnen, die auf einen Stab gewickelt werden.

**22.** Antwort b ist richtig. Schon um 1.000 v. Chr. kochten die Menschen Fett mit Holzasche und stellten dadurch eine Art Seife her. Seife, wie wir sie kennen, wurde aber erstmals um 150 v. Chr. von den Römerinnen zum Haarewaschen verwendet. Erst später wusch man auch den Körper und die Wäsche mit Seife.

**23.** Antwort b ist richtig. Den Schirm mit Stahlrippen, wie wir ihn heute kennen, erfand 1874 der Engländer Samuel Fox. Der erste schriftliche Nachweis eines Regenschirms stammt aber schon aus dem Jahre 1637.

**24.** Antwort a ist richtig. Der Gameboy® ist ein tragbares elektronisches Gerät zum Spielen von Computerspielen. Es wurde 1989 in Japan erfunden.

**25.** Antwort b ist richtig. Johann Hinrich Wichern baute 1839 aus einem Wagenrad einen Holzkranz mit 19 kleinen und vier großen Kerzen. Aus dieser Idee entwickelte sich der heute Adventskranz mit vier Kerzen.

**26.** Antwort b ist richtig. Die erste Dampflokomotive baute 1804 der Engländer Richard Trevithick. Sie wurde durch eine Kolbendampfmaschine angetrieben. Als Brennstoffe wurden Kohle oder Holz mitgeführt.

**27.** Antwort a ist richtig. Konservendosen aus Metall wurden erstmals 1810 in England hergestellt, um die englischen Soldaten während der sogenannten „Napoleonischen Kriege" mit haltbarer Nahrung zu versorgen.

**28.** Antwort a ist richtig. Der Reißverschluss wurde 1893 in Amerika von dem Ingenieur Whitcomb Judson erfunden und später von dem schwedischen Ingenieur Gideon Sundback verbessert.

**29.** Antwort c ist richtig. Den ersten Kühlschrank baute 1859 der Franzose Ferdinand Carré. Bis dahin kühlte man Lebensmittel in Kellern und sogenannten Eishäusern.

**30.** Antwort b ist richtig. Kerzen waren schon um 3.000 v. Chr. bekannt. Die Glühlampe wurde 1835, die Petroleumlampe erst 1853 erfunden.

**31.** Antwort a ist richtig. Schon die alten Ägypter hielten Brot über das offene Feuer, um es durch Entzug von Feuchtigkeit haltbar zu machen. Das Patent für den ersten funktionsfähigen Toaster besitzt jedoch seit 1926 der Amerikaner Charles Strite.

**32.** Antwort c ist richtig. Die ersten um 1961 eingesetzten Industrieroboter hatten Arme mit Gelenken, die von Computern gesteuert wurden. Sie konnten in Fabrikanlagen die unterschiedlichsten Arbeiten verrichten. Ihre Umgebung konnten sie aber nicht wahrnehmen.

**33.** Antwort a ist richtig. Der Dynamo, ein Generator, mit dem man mechanische Energie in elektrische Energie umwandeln kann, wurde 1866 von dem deutschen Elektroingenieur Werner von Siemens erfunden. Verbessert wurde der Dynamo 1870 von dem belgischen Ingenieur Zénobe Gramme.

**34.** Antwort b ist richtig. Thomas Edison baute 1882 in New York das erste öffentliche Stromversorgungsnetz.

**35.** Antwort a ist richtig. Das erste Auto wurde 1885 von dem deutschen Ingenieur Carl Benz gebaut. Es war ein dreirädriges Fahrzeug mit einem Ein-Zylinder-Motor.

**36.** Antwort c ist richtig. Die Ägypter erfanden um 3.400 v. Chr. die Zehnerzahlen. Die Zahlen wurden als Hieroglyphen (Bilderschrift) geschrieben, wobei es aber kein Zeichen für die Zahl 0 gab.

**37.** Antwort a ist richtig. Bevor es Münzen gab, wurden Muscheln und Steine als Zahlungsmittel genutzt. Außerdem betrieb man Tauschhandel. Der Bauer gab dem Töpfer zum Beispiel ein Schaf und bekam dafür ein Vorratsgefäß.

**38.** Antwort b ist richtig. Mit der Herstellung von Teddybären ab 1902 wurde die Marke Steiff® bekannt. Etwa zeitgleich stellte auch das amerikanische Paar Morris und Rose Michtom Stoffbären in ihrer Spielwarenfabrik her.

**39.** Antwort c ist richtig. Das Brettspiel „Monopoly®" erfand 1935 der amerikanische Heizungsingenieur Charles Darrow. Später verkaufte er die Rechte an dem Spiel an eine Firma, die Monopoly® zu einem der meistverkauften Brettspiele der Welt machte.

**40.** Antwort b ist richtig. In der Mittel- und Jungsteinzeit (ab etwa 13.000 v. Chr.) wurden aus weichem Ton mit der Hand Gefäße geformt und im offenen Feuer gebrannt.

**41.** Antwort c ist richtig. Die Indianervölker der Maya und Azteken kannten das Rad nicht. Wagen sind jedenfalls aus den altamerikanischen Kulturen bisher nicht bekannt.

**42.** Antwort a ist richtig. Die Kaugummis der Mayas waren Streifen aus Chicle, dem milchig weißen Saft des Breiapfelbaums. Auch der Amerikaner Thomas Adams stellte 1869 aus Chicle Kaugummis her. Diese waren sehr beliebt.

**43.** Antwort a ist richtig. Die nach dem deutschen Physiker Wilhelm Röntgen benannten Röntgenstrahlen, die zur Entwicklung des Röntgengeräts führten, wurden 1895 entdeckt.

**44.** Antwort c ist richtig. Der Amerikaner Benjamin Franklin, einer der Gründerväter der USA, erfand 1752 den Blitzableiter.

**45.** Antwort a ist richtig. Das 1903 von den Brüdern Wright gebaute Flugzeug konnte man starten und steuern. Es blieb 12 s in der Luft.

**46.** Antwort a ist richtig. Schon 1804 hatte der französische Konditor Nicolas Appert herausgefunden, dass gekochte Lebensmittel in luftdichten Gläsern haltbarer sind. Sechs Jahre später ersetzte der Brite Peter Durand die Gläser durch Eisenbehälter, die mit Zinn überzogen waren, und ließ seine Erfindung patentieren.

**47.** Antwort a ist richtig. Papyrus ist eine Art Papier, das die Ägypter um 3.000 v. Chr. aus dem Inneren von Schilfstängeln herstellten.

**48.** Antwort c ist richtig. Die erste Briefmarke der Welt, die berühmte schwarze Ein-Penny-Marke mit einem Porträt der Königin Victoria, wurde in England hergestellt.

**49.** Antwort a ist richtig. Seit 1913 gibt es Kühlschränke für den Haushalt.

**50.** Antwort b ist richtig. Die Snare Drum ist eine Trommel, die einen schnarrenden Klang (daher auch der Name Snare Drum) erzeugen kann. Dazu hat sie an ihrer Unterseite Metallspiralen, Snare-Teppich genannt. Liegt der auf dem Resonanzfell auf, erzeugt die Trommel ihren spezifischen Klang, man kann ihn aber auch abschalten, indem man den Snare-Teppich vom Resonanzfell nimmt.

**51.** Antwort a ist richtig. Dünne Fadennudeln gibt es in China bereits seit über 3.500 Jahren. Die Chinesen könnte man damit als Erfinder der Nudel bezeichnen.

**52.** Antwort b ist richtig. Die ersten Kaffeepflanzen wurden wahrscheinlich schon im 9. Jahrhundert in der Provinz Kaffa in Äthiopien angebaut. Von dort aus soll der Kaffee nach Arabien gelangt sein.

**53.** Antwort a ist richtig. Zahnpasta wird seit über 115 Jahren in Tuben verkauft. Vorher wurde der „Zahnbalsam" noch in kleinen Töpfen aus Porzellan, Silber oder Steingut aufbewahrt.

**54.** Antwort c ist richtig. Die ältesten Puppen stammen aus Ägypten. Sie entstanden um 1.000 v. Chr. und dienten als Grabbeigaben.

**55.** Antwort b ist richtig. Der erste moderne Schnorchel, der 1936 von dem Niederländer Jan Wichers erfunden wurde, befand sich an einem U-Boot.

**56.** Antwort c ist richtig. Konrad Zuse entwickelte 1941 den ersten programmierbaren Computer der Welt, genannt „Z3". Dieser war noch so groß wie ein Einfamilienhaus.

**57.** Antwort c ist richtig. Der irische Tierarzt und Tüftler John Boyd Dunlop erfand um 1888 die Luftbereifung, die das Fahrradfahren bequemer machte.

**58.** Antwort a ist richtig. Das erste zusammengesetzte Mikroskop, das um 1600 von dem holländischen Brillenmacher Hans Janssen gebaut wurde, enthielt zwei Linsen.

**59.** Antwort b ist richtig. Die Violine wurde 1523 erfunden und 1540 weiterentwickelt. Sie wird aus verschiedenen Hölzern hergestellt. Über ihre vier Saiten streicht man mit einem Bogen.

**60.** Antwort c ist richtig. Johann J. Partels hatte 1711 den Belüftungsventilator erfunden. Er wurde in Bergwerken eingesetzt.

**61.** Antwort c ist richtig. Den ersten künstlichen Satelliten „Sputnik I" entwickelten die beiden russischen Ingenieure Walentin Gluschko und Sergej Koroljow. „Sputnik I" wurde 1957 ins All geschickt.

**62.** Antwort b ist richtig. Das erste Barometer, mit dem man den Luftdruck messen konnte, bestand aus einem Rohr, das mit Quecksilber gefüllt war.

**63.** Antwort b ist richtig. Die beiden französischen Brüder Auguste und Louis Lumière führten 1895 erstmals einen Apparat vor, mit dem man einige Minuten einen Film zeigen konnte.

**64.** Antwort c ist richtig. Der Vorläufer des Klaviers, das Klavichord, war schon 1396 bekannt. Es ermöglichte das gleichzeitige Spielen von mehreren Saiten und war die Erweiterung des Monochords, auf dem man nur eine Saite spielen konnte.

**65.** Antwort c ist richtig. Die erste Fotografie der Welt gelang 1826 dem französischen Erfinder Nicéphore Niépce. Leider war sie nicht haltbar, da er noch nicht wusste, wie man das Bild fixieren konnte.

**66.** Antwort a ist richtig. Das Fieberthermometer erfand 1866 der Brite Thomas Allbutt. Heute gibt es batteriebetriebene Digitalthermometer. Sie zeigen auf einem Display den Temperaturwert an.

**67.** Antwort c ist richtig. Der erste Taschenrechner, der Canon Pocketronic©, der 1970 entwickelt wurde, wog 880 g.

**68.** Antwort b ist richtig. Der Viertaktmotor, der 1876 erfunden wurde, wird nach seinem Erfinder, dem deutschen Ingenieur Nikolaus Otto, „Ottomotor®" genannt.

**69.** Antwort c ist richtig. Die erste deutsche Eisenbahn, die „Ludwigseisenbahn", fuhr 1835 von Nürnberg aus nach Fürth. Sie verdankt ihren Namen dem bayerischen König Ludwig I.

**70.** Antwort c ist richtig. Den ersten Staubsauger erfand 1902 der britische Ingenieur Hubert Booth (1871-1955).

**71.** Antwort a ist richtig. Die erste Batterie erfand der italienische Physiker Alessandro Volta (1745-1827), verbessert wurde sie von dem französischen Chemiker Georges Leclanché (1839–1882).

**72.** Antwort c ist richtig. Die heutigen Bleistiftminen bestehen aus einem gebrannten Grafit-Ton-Gemisch. Bis Ende des Mittelalters schrieb man mit Blei-, Zink- und Silberstiften, die sehr hart waren.

**73.** Antwort c ist richtig. Die deutsche Hausfrau Melitta Bentz erfand 1908 den Kaffeefilter. Bis dahin war es üblich, das Kaffeepulver einfach ins Wasser zu schütten, aufzubrühen und dann durch ein Sieb zu filtern.

**74.** Antwort b ist richtig. Die erste Kontaktlinse erfand der Schweizer Augenarzt Adolf Fick 1888.

**75.** Antwort a ist richtig. Johannes Gutenberg hat in Europa den Buchdruck mit beweglichen Lettern um 1450 erfunden. Das erste massenhaft gedruckte Buch war übrigens die Bibel.

**76.** Antwort a ist richtig. Alle Trommeln sind mindestens auf der Oberseite mit dem Resonanzfell bespannt. Die Snare Drum hat sogar an der Unterseite ein Resonanzfell.

**77.** Antwort b ist richtig. Bereits 1662 wurde in Paris ein Pferdeomnibus eingesetzt. Erst 1826 erfand der Engländer Sir Goldsworthy Gurney den dampfbetriebenen Bus. Der Name Omnibus ist übrigens lateinisch und bedeutet „für alle".

**78.** Antwort c ist richtig. Weil sich im Fell seines Hundes Früchte der Pflanze Große Klette verfangen hatten, kam der Schweizer George de Mestral auf die Idee des Klettverschlussverfahrens.

**79.** Antwort b ist richtig. Der Amerikaner Chester Carlson gilt als Erfinder des Fotokopierers. 1938 stellte er die Kopie eines Schriftstückes mit einem Verfahren her, das Elektrofotografie oder eben auch Xerografie genannt wird. Das Wort stammt aus dem Altgriechischen und bedeutet „trocken schreiben".

**80.** Antwort a ist richtig. „Tennis for two", eine Entwicklung des amerikanischen Physikers William Higinbotham aus dem Jahre 1958, kann als das erste Videospiel gelten. Es wurde noch auf einem Oszilloskop statt auf einem Computermonitor angezeigt. Daraus entwickelte sich das 1972 von Atari veröffentlichte Spiel „Pong", das ein Erfolg in Spielhallen wurde.

**81.** Antwort c ist richtig. Auch wenn Sony das Prinzip wohl nicht selbst erfunden hatte, machte erst der Walkman das mobile Musikhören in den 1980er-Jahren weltweit populär.

**82.** Antwort c ist richtig. Alchimisten genannte Wissenschaftler versuchten im Mittelalter einen als „Stein der Weisen" bezeichneten Stoff zu finden, der die Umwandlung anderer Materialien in Gold ermöglichen sollte.

**83.** Antwort a ist richtig. Der griechische Mathematiker Pythagoras von Samos fand mit dem nach ihm benannten Satz ungefähr 500 v. Chr. eine Formel zur Berechnung der Seitenlängen eines Dreiecks. Der Satz ist so grundlegend für die Geometrie, dass jeder Schüler ihn im Mathematikunterricht als Thema hat.

**84.** Antwort b ist richtig. 1968 wurde die Computermaus in den USA durch Douglas C. Engelbart den Teilnehmern einer Tagung vorgestellt. Die Maus weckte aber zunächst nur wenig Interesse, weil Computerprogramme, die man damit bedienen konnte, noch nicht verbreitet waren. Unklar ist, ob Engelbart und seine amerikanischen Kollegen auch als Erfinder gelten können, weil die Berliner Firma „Telefunken" schon früher ein sehr ähnliches Gerät entwickelt hatte.

**85.** Antwort a ist richtig. 1745 wurde in Leiden, einer Stadt im Süden Hollands, die erste Bauform des Kondensators in Form einer Flasche hergestellt. Der Kondensator ist eines der wichtigsten Bauteile in der Elektrotechnik. Ohne ihn könnten ganz viele elektrische Geräte nicht funktionieren.

**86.** Antwort b ist richtig. Schon die alten Griechen in der Antike kannten Vorrichtungen, mit denen sie von oben laufendes Wasser über den Körper gossen. Der französische Arzt Jean Pidoux trug aber im 16. Jahrhundert zur Verbreitung der Dusche in Europa bei. Er betonte dabei die gesundheitsfördernde Wirkung von Duschen mit Heilwässern aus mineralischen Quellen.

**87.** Antwort a ist richtig. In Berlin ehrt man Herta Heuwer, die 1949 die erste Currywurst gebraten haben soll. Aus Hamburger Sicht war es jedoch Lena Brückner, die schon 1946 die berühmte Currysoße zur Wurst erfand.

**88.** Antwort c ist richtig. Friedrich Soennecken erhielt 1886 das Patent für seinen Papierlocher. Er gründete das gleichnamige Unternehmen zur Herstellung von Bürobedarfsartikeln.

**89.** Antwort b ist richtig. Graf von Zeppelin kann nicht als Erfinder gelten, baute aber viele Luftschiffe und ist die berühmteste Persönlichkeit der Luftschifffahrt. Die Bedeutung seiner Konstruktionen ist so groß, dass sein Name heute oft ganz allgemein für die Luftschiffe selbst gebraucht wird.

**90.** Antwort a ist richtig. Die Erfindung des Flaschenzugs erleichtert das Heben schwerer Lasten. Es gibt eine antike Legende, die besagt, der griechische Mathematiker Archimedes habe den Flaschenzug erfunden und damit alleine ein ganzes Schiff hochheben können.

**91.** Antwort c ist richtig. Die Keilschrift benutzten die Völker des alten Orients schon ungefähr 3.000 Jahren v. Chr. Sie wurde in noch weichen Ton eingeritzt, der nach dem Trocknen und Aushärten dann die Zeichen für die Ewigkeit bewahrte.

**92.** Antwort a ist richtig. Die ersten Filme dauerten nur etwa 20 s, weil der Guckkasten, mit dem man sie zeigte, nur 15 m Film fasste.

**93.** Antwort c ist richtig. 1419 schmückten Freiburger Bäcker zur Weihnachtszeit einen Baum mit Süßigkeiten, Früchten und Nüssen. Ab ungefähr 1605 hat sich der Brauch, einen Weihnachtsbaum aufzustellen, in ganz Deutschland durchgesetzt.

**94.** Antwort c ist richtig. Das erste Kreuzworträtsel erschien am 21. Dezember 1913 in der „New York World". Es hatte die Form eines Diamanten.

**95.** Antwort b ist richtig. Das Wattestäbchen erfand 1925 der amerikanische Geschäftsmann Leo Gerstenzang. Es gefiel ihm nämlich nicht, dass seine Frau dem Baby die Ohren mit Watte und Zahnstocher reinigte.

**1.** Antwort b ist richtig. Bei einem Notruf sind folgende Fragen wichtig: Wer ruft an? Wo ist der Einsatzort? Was ist passiert? Wie viele Personen sind daran beteiligt? Warten auf Rückfragen!

**2.** Antwort a ist richtig. Vermutlich setzten schon die Ägypter Sklaven als private Feuerwehrleute ein. Überliefert ist das in ähnlicher Form auch von den Römern vor mehr als 2.000 Jahren.

**3.** Antwort c ist richtig. Im Gefahrenfall ist es sehr wichtig, dass einer das Kommando gibt und die anderen sich daran halten. Bei einem Feuerwehreinsatz ist das der Einsatzleiter.

**4.** Antwort c ist richtig. 40–80 l Atemluft benötigt ein körperlich hart arbeitender Mensch. Ob er Feuerwehrmann, Bauarbeiter, Bauer ist oder einer anderen Tätigkeit nachgeht, spielt dabei keine Rolle.

**5.** Antwort b ist richtig. Die freiwillige Feuerwehr ist – wie der Name sagt – freiwillig. In der Regel werden die Feuerwehrmänner für ihre Tätigkeit nicht bezahlt.

**6.** Antwort a ist richtig. Die Länge einer Feuerwehrleine ist immer gleich: 30 m. Sie wird verwendet, um zum Beispiel Personen in der Höhe vor dem Absturz zu retten.

**7.** Antwort a ist richtig. Eine Berufsfeuerwehr gibt es meist in Städten ab 100.000 Einwohnern. Kleinere Orte und Städte haben eine freiwillige Feuerwehr, bei der die Feuerwehrmänner in ihrer Freizeit arbeiten. Sie alle haben aber einen anderen festen Beruf.

**8.** Antwort c ist richtig. Um in Deutschland Feuerwehrmann bei der Berufsfeuerwehr zu werden, muss man in der Regel bereits einen anderen Beruf erlernt haben, am besten ein Handwerk.

**9.** Antwort b ist richtig. Es gibt zwar Mädchen und Frauen bei der Feuerwehr, aber noch ziemlich wenige. Der Anteil der aktiven Feuerwehrfrauen beträgt etwa sechs Prozent.

**10.** Antwort a ist richtig. Früher war die wichtigste Aufgabe der Feuerwehr das Löschen von Bränden. Heute stehen technische Hilfeleistungen an erster Stelle der Einsätze. Als „technische Hilfeleistung" bezeichnet man Feuerwehreinsätze, bei denen Menschen oder Tiere aus Zwangslagen, etwa Personen aus einem stehen gebliebenen Aufzug, befreit werden.

**11.** Antwort a ist richtig. Etwa 30 min. ist der Feuerwehrmann geschützt, wenn er zum Beispiel ausgelaufene Giftfässer entsorgen muss. Da bleibt wenig Zeit, um diese schwierige Aufgabe zu erfüllen.

**12.** Antwort c ist richtig. Feuerwehrmänner sind beim Einsatz vierfach geschützt: durch den Schutzanzug, den Feuerwehrhelm mit Nackenschutz, die Schutzhandschuhe sowie durch die Schutzschuhe.

**13.** Antwort b ist richtig. Feuerwehrschuhe oder -stiefel müssen bei einem Einsatz Temperaturen von bis zu 250 °C aushalten. Bei Spezialeinsätzen mit höheren Temperaturen tragen die Feuerwehrmänner Hitzeschutzanzüge über der normalen Einsatzuniform.

**14.** Antwort a ist richtig. Wasser ist das wichtigste Löschmittel. Zusätzlich werden jedoch, je nach Einsatz, andere Löschmittel benutzt: Schaummittel, Löschpulver und Kohlenstoffdioxid.

**15.** Antwort a ist richtig. Auch in der Ausbildung und bei Übungen müssen Feuerwehrleute vor den Gefahren ihres Berufes geschützt sein und das Arbeiten in Schutzkleidung lernen, deshalb tragen sie immer ihre Schutzkleidung.

**16.** Antwort b ist richtig. Jeder Feuerwehrmann hat eine bestimmte Funktion. Diese kann man am Helm erkennen: Der Fahrzeugführer hat einen Streifen, der Zugführer hat zwei Streifen auf dem Helm.

**17.** Antwort a ist richtig. Ein „normaler" Feuerwehrmann, der bei Einsätzen zum Beispiel das Feuer löscht, wird dafür zwei Jahre ausgebildet, in manchen Bundesländern auch 1 1/2 Jahre.

**18.** Antwort a ist richtig. Bei Großbränden in unzugänglichen Wäldern rückt die Feuerwehr oft mit Hubschraubern oder Flugzeugen aus. Diese fliegen über das Brandgebiet und geben Wasser aus großen Wasserbehältern ab.

**19.** Antwort b ist richtig. Damit Feuer brennt, braucht es einen brennbaren Stoff, zum Beispiel Holz oder Papier, Sauerstoff, also Luft, sowie eine bestimmte Temperatur zum Entzünden des Brennstoffes.

**20.** Antwort a ist richtig. Mit „Wasser marsch!" wird der Befehl zum Löschen gegeben. Dieser Befehl darf erst dann erfolgen, wenn der Brandherd erkannt ist.

**21.** Antwort a ist richtig. Unter keinen Umständen darf ein Feuerwehrmann ohne den dafür erforderlichen Führerschein ein Feuerwehrauto fahren.

**22.** Antwort c ist richtig. Die verschiedenen Aufgaben der Feuerwehr werden mit „Retten, Löschen, Bergen, Schützen" zusammengefasst. Das ist auch ihr Wahlspruch.

**23.** Antwort a ist richtig. Bei Alarm wurde getrommelt, um Hilfe zu holen. Der Trommler hieß „Tambour" und war ein wichtiger Mann in jeder Feuerwehrkompanie. Ab 1850 ersetzte ein Horn die Trommel.

**24.** Antwort b ist richtig. In Geschichtsquellen ist nachzulesen, dass Kaiser Augustus im Jahr 6 n. Chr. in Rom sieben Feuerwehrtrupps mit jeweils etwa 1.000 Männern bildete. Sie wohnten zusammen in einer Kaserne und verteilten sich bei Bränden auf die Stadt.

**25.** Antwort c ist richtig. Im Mittelalter wurden in den Städten die meisten Häuser aus Holz gebaut und häufig offenes Feuer zum Heizen und Kochen benutzt, deshalb brannte es dort häufiger.

**26.** Antwort a ist richtig. Das Eintrittsalter für die Jugendfeuerwehr liegt im Durchschnitt bei 10 Jahren. Es kann in einzelnen Bundesländern unterschiedlich sein.

**27.** Antwort c ist richtig. Ein Metallhelm war gefährlich, weil es wegen der elektrischen Leitfähigkeit des Metalls zu Stromschlägen kommen konnte. Außerdem leitet Metall auch die Wärme gut.

**28.** Antwort a ist richtig. Der Heilige Florian ist der Schutzpatron der Feuerwehr, deshalb nennt man Feuerwehrleute manchmal auch „Floriansjünger" und das Funkrufzeichen der Feuerwehr oft „Florian".

**29.** Antwort b ist richtig. Die Feuerwehr rettet grundsätzlich alle Tiere, die in Not geraten sind, zum Beispiel Katzen von zu hohen Bäumen.

**30.** Antwort a ist richtig. Mit der Notrufnummer 112 kann man von jedem Ort Deutschlands ohne Vorwahl die Feuerwehr alarmieren. Das gilt übrigens auch fürs Handy.

**31.** Antwort c ist richtig. Damit keine wertvolle Zeit verloren geht, sucht die Einsatzzentrale den kürzesten Weg zum Brandort und teilt ihn per Funk mit. Moderne Feuerwehrautos haben auch ein Navigationsgerät an Bord.

**32.** Antwort c ist richtig. Wenn es in der Wohnung brennt, immer sofort die Feuerwehr rufen! Nicht versuchen, den Brand selbst zu löschen, sondern den Raum verlassen und die Tür schließen. Nur wenn man sich dabei nicht selbst in Gefahr begibt, kann man versuchen, den Brand selbst (zum Beispiel mit einem Feuerlöscher) zu bekämpfen.

**33.** Antwort b ist richtig. In Deutschland gibt es etwa 26.000 Feuerwehren, die überwiegende Mehrzahl, rund 25.000, sind freiwillige Feuerwehren.

**34.** Antwort c ist richtig. Normalerweise gilt die Reihenfolge Verletzte, Kinder und Frauen, dann Männer. Wenn es die Situation erfordert, ist aber natürlich auch eine andere Reihenfolge möglich.

**35.** Antwort b ist richtig. Bei einem Brand in einem Wohngebäude muss die Feuerwehr mit Temperaturen zwischen 800 °C und 1.200 °C rechnen.

**36.** Antwort b ist richtig. Feuer sollte immer von unten nach oben gelöscht werden. Wichtig ist auch, nicht hinter dem Feuer herzulaufen, sondern ihm den Weg abzuschneiden.

**37.** Antwort a ist richtig. Brände werden in verschiedene Brandklassen eingeteilt. Diese bezeichnet man mit Buchstaben von „A" bis „F". „A" sind beispielsweise Brände von festen Stoffen wie Holz oder Papier.

**38.** Antwort c ist richtig. Wer aus Spaß die Feuerwehr anruft und einen Einsatz auslöst, muss mit saftigen Gebühren rechnen.

**39.** Antwort c ist richtig. Die wichtigsten Löschtechniken sind Abkühlen (meist mit Wasser) und Ersticken (zum Beispiel mit Schaum). Die Faustregel ist: Glut wird abgekühlt, Flammen werden erstickt.

**40.** Antwort a ist richtig. Bei Alarm muss ein Feuerwehrmann sofort seine Schutzausrüstung anziehen. Deshalb ist es wichtig, dass sie immer am gleichen Ort hängt und er sie nicht erst suchen muss.

**41.** Antwort a ist richtig. Die Feuerwehr rückt aus, wenn Öl oder Benzin ausgelaufen ist, denn die umweltschädigenden Flüssigkeiten müssen fachgerecht entfernt werden. Außerdem sind Ölspuren auf der Straße gefährlich für Autofahrer.

**42.** Antwort b ist richtig. Ist ein Auto bei einem Unfall umgekippt, rückt die Feuerwehr mit einem Feuerwehrkran an: Ein solcher Kran kann schwere Lasten, etwa ein Auto, problemlos hochheben und bewegen.

**43.** Antwort c ist richtig. Die Feuerwehr benutzt Saug- und Druckschläuche: Mit Saugschläuchen wird Wasser angesaugt, Druckschläuche leiten das Löschwasser zur Einsatzstelle.

**44.** Antwort b ist richtig. Ein genormtes Löschfahrzeug hat mindestens 12 B-Schläuche mit je 20 m und 10 C-Schläuche mit je 15 m dabei. Das sind insgesamt 390 m.

**45.** Antwort a ist richtig. In den Einsatzfahrzeugen liegen Pläne bereit, in denen Hydranten eingezeichnet sind. Außerdem gibt es rot umrandete, weiße Hinweisschilder in der Nähe des Hydranten.

**46.** Antwort a ist richtig. Bei einem Brand in der Schule sollte unbedingt sofort der Feuermelder aktiviert werden. Dadurch wird die Feuerwehr alarmiert und kommt innerhalb von ein paar Minuten zum Brandort.

**47.** Antwort b ist richtig. Eine Ölsperre ist ein breites Band, das etwa zur Hälfte unter Wasser taucht. Es verhindert, dass sich an der Oberfläche schwimmendes Öl ausbreitet.

**48.** Antwort b ist richtig. Die Feuerwehr rückt bei uns auch aus, um Bienen- oder Wespenschwärme einzufangen. Dazu nutzt sie eine spezielle Schwarmkiste, in der Lockstoffe angebracht sind.

**49.** Antwort c ist richtig. Die Feuerwehr muss am häufigsten ausrücken, um Katzen aus Notlagen zu befreien, zum Beispiel wenn sie sich zu hoch auf einen Baum gewagt haben und nicht mehr alleine runterkommen.

**50.** Antwort c ist richtig. Ein Berufsfeuerwehrmann wird auch als Rettungssanitäter oder Rettungsassistent ausgebildet, damit er in bestimmten Situationen verletzten Menschen helfen kann.

**51.** Antwort a ist richtig. Sprungtücher dürfen nur im äußersten Notfall und bis zu einer Sprunghöhe von höchstens 8 m eingesetzt werden.

**52.** Antwort c ist richtig. Mit einem Feuerlöscher bekämpft man einen Brand, der noch im Entstehen ist. Er darf von Personen ohne besondere Ausbildung bedient werden – aber nie zum Spaß und nur, wenn man sich dabei selbst nicht in Gefahr bringt!

**53.** Antwort c ist richtig. Mit dem Aufkommen der großen Jumbojets mussten auch die Feuerwehren an Flughäfen aufrüsten. Ein modernes Flughafenfeuerwehrfahrzeug kann zwischen 1.500 und 2.000 l Schaummittel transportieren.

**54.** Antwort c ist richtig. Bei 22 m ist Schluss, das ist die sogenannte Hochhausgrenze. Bis zu dieser Höhe kann die Feuerwehr mit Drehleitern arbeiten.

**55.** Antwort c ist richtig. Es gibt zehn verschiedene Gruppen von Feuerwehrfahrzeugen. Am bekanntesten sind Einsatzleiterfahrzeuge, Löschfahrzeuge, Hubrettungsfahrzeuge und Rüst- und Gerätefahrzeuge.

**56.** Antwort a ist richtig. Es gibt drei Gewichtsklassen bei Feuerwehrfahrzeugen: leicht entspricht 2–7,5 t, mittel bedeutet 7,5–14 t und super heißt über 14 t.

**57.** Antwort b ist richtig. Bei Zimmerbränden ist es wichtig, das Feuer mit möglichst wenig Wasser zu bekämpfen. Damit vermeidet man größere Wasserschäden.

**58.** Antwort a ist richtig. Die besondere Gefahr bei Bränden im Treppenhaus ist, dass das Feuer die Fluchtwege versperrt. Gefährdete Personen können dann nur über die Fenster fliehen.

**59.** Antwort b ist richtig. Löschfahrzeuge für Tunnelbrände haben zwei Führerhäuser: Dadurch kann das Fahrzeug in beide Richtungen fahren, ohne wenden zu müssen.

**60.** Antwort a ist richtig. Bei den meisten Einsätzen verwendet die Feuerwehr einen sogenannten B-Druckschlauch mit 20 m Länge. Das ist etwa so lang wie zwei Omnibusse.

**61.** Antwort b ist richtig. In einem Rettungskorb können gleichzeitig drei bis vier Menschen in Sicherheit gebracht werden. Solche Rettungskörbe gehören zu fast jedem Hubrettungsfahrzeug.

**62.** Antwort c ist richtig. Das zulässige Gesamtgewicht des LF 24, des größten Löschgruppenfahrzeugs, liegt bei 18 t.

**63.** Antwort b ist richtig. Der Einsatzleiter wiederholt jeden Befehl. Dann kann er sicher sein, dass er von jedem Feuerwehrmann verstanden worden ist.

**64.** Antwort a ist richtig. Unterwegs trägt der Fahrer die Verantwortung, weil er das Fahrzeug ja auch im Straßenverkehr führt.

**65.** Antwort c ist richtig. Die Feuerwehrleute rutschen an Stangen hinunter in die Einsatzhalle. Dort rennen sie zu den Einsatzwagen.

**66.** Antwort b ist richtig. Das TLF 24/50 ist das größte Tanklöschfahrzeug der Feuerwehr. Sein Wasserbehälter kann 4.800 l Wasser zur Einsatzstelle transportieren.

**67.** Antwort b ist richtig. Zur Ausrüstung eines Feuerwehrmannes gehört eine doppeltönige Signalpfeife. Damit kann er Signale geben, zum Beispiel bedeutet „hochtief-hoch-tief": „Gefahr! Alles sofort zurück!"

**68.** Antwort a ist richtig. Feste Stoffe verbrennen immer mit Glut. Manche Stoffe – wie Papier oder Holz – bilden zuerst Flammen, dann Glut. Andere – wie Holzkohle – verbrennen nur mit Glut.

**69.** Antwort b ist richtig. Wenn die Feuerwehr einen Brand mit Schaum oder Löschpulver bekämpft, muss sie eine Schädigung der Umwelt, zum Beispiel des Grundwassers, vermeiden.

**70.** Antwort a ist richtig. Die meisten Löschboote sind mit sogenannten Wasser- und Schwerschaumkanonen ausgestattet.

**71.** Antwort c ist richtig. Alarme werden in sieben verschiedene Alarmstufen eingeteilt, Kleinbrände sind Stufe 1, Unfälle mit Gefahrgut wie chemischen oder radioaktiven Stoffen lösen Stufe 7 aus.

**72.** Antwort b ist richtig. Mit Löschdecken erstickt man Flammen.

**73.** Antwort a ist richtig. Fettbrände nie mit Wasser oder stark wasserhaltigen Flüssigkeiten löschen! Schon ein halber Liter brennendes Öl erzeugt beim vermeintlichen Löschen mit Wasser eine meterhohe Stichflamme und eine gewaltige Explosion. Zu Hause sollte ein Fettbrand mit dem passenden (trockenen!) Deckel des Kochgeschirrs gelöscht werden.

**74.** Antwort b ist richtig. Der Flammpunkt ist die Temperatur, ab der sich ein zündfähiges Luft-Gas-Gemisch bilden kann. Bei Benzin kann das schon bei weniger als 20 °C geschehen, bei Speiseöl erst ab ca. 230 °C.

**75.** Antwort c ist richtig. Das ABC-Pulver ist für die Bekämpfung von Bränden dieser Brandklassen geeignet.

**76.** Antwort a ist richtig. Der Saugkorb wird bei der Entnahme von Wasser aus einem offenen Gewässer verwendet. Er hat eine Filterfunktion, indem er verhindert, dass zum Beispiel Dreck oder Blätter in die Saugleitung gelangen, und hält das Wasser bei Unterbrechungen des Pumpvorgangs im Schlauch.

**77.** Antwort b ist richtig. Die meisten Hubrettungsfahrzeuge sind mit einer drehbaren Leiter ausgestattet. Damit kann man zum Beispiel Menschen aus einem brennenden Hochhaus retten.

**78.** Antwort c ist richtig. Das Mobilfunknetz kann leicht überlastet sein, besonders wenn im Katastrophenfall die Menschen plötzlich vermehrt telefonieren. Die Silvesternacht zeigt jedes Jahr, wie schnell das Netz überlastet sein kann, wenn sich plötzlich ganz viele Leute am Telefon ein gutes neues Jahr wünschen möchten.

**1.** Antwort b ist richtig. Die türkische Großstadt Istanbul liegt zum Teil auf europäischem Boden, zum Teil in Asien. Der Bosporus, eine natürliche Wasserstraße, bildet die Grenze der beiden Erdteile.

**2.** Antwort c ist richtig. Die bayerische Hauptstadt München ist die drittgrößte deutsche Stadt und hat über 1,3 Millionen Einwohner. In Deutschland haben nur Hamburg und Berlin noch mehr Bewohner.

**3.** Antwort b ist richtig. Die Jahresdurchschnittstemperatur liegt bei -55 °C. Zum Vergleich: In Deutschland liegt sie bei ungefähr 9 °C.

**4.** Antwort b ist richtig. Vatikanstadt ist ein Stadtstaat, also gleichzeitig Stadt und Staat – und das, obwohl sie mitten in der Stadt Rom liegt! Vatikanstadt ist auch Sitz des Papstes, des Oberhauptes der katholischen Kirche.

**5.** Antwort a ist richtig. In Japan gibt es fast täglich leichtere Erdbeben. Bei schweren Beben werden auch immer wieder Gebäude zerstört, die angeblich erdbebensicher gebaut wurden.

**6.** Antwort b ist richtig. In Paris befinden sich kleine Nachbildungen des New Yorker Originals. Frankreich schenkte den USA die große Freiheitsstatue anlässlich der Hundertjahrfeier der amerikanischen Unabhängigkeitserklärung.

**7.** Antwort c ist richtig. Die Amerikaner essen gefüllten Truthahn mit verschiedenen Beilagen, beispielsweise mit Süßkartoffeln und Cranberrysoße.

**8.** Antwort a ist richtig. Bonn war seit Ende des Zweiten Weltkriegs Deutschlands Regierungssitz und Hauptstadt. Seit der Wiedervereinigung Ost- und Westdeutschlands 1989/90 ist Berlin die deutsche Hauptstadt.

**9.** Antwort a ist richtig. Der Rotterdamer Hafen ist der größte in Europa. Die niederländische Stadt Rotterdam ist ein sehr wichtiger Umschlagplatz.

**10.** Antwort b ist richtig. Die niederländische Hauptstadt Amsterdam hat wie Venedig zahlreiche Kanäle, die quer durch die Stadt laufen. In Amsterdam heißen sie allerdings Grachten.

**11.** Antwort c ist richtig. Weil Frankfurt am Main liegt, wird es auch „Mainhattan" genannt. So wie New York, hat auch Frankfurt viele Hochhäuser.

**12.** Antwort c ist richtig. In der Antarktis gibt es keine eigene Bevölkerung, allerdings gibt es Forschungsstationen verschiedener Länder. Im Sommer leben maximal 4.000 Menschen in der Antarktis. Im Winter sind es bedeutend weniger.

**13.** Antwort a ist richtig. Nessie soll im Norden von Schottland im See Loch Ness leben. Angeblich ist das Ungeheuer über 5 m lang. Es gibt allerdings keine echten Beweise für seine Existenz.

**14.** Antwort b ist richtig. Grönland gehört politisch gesehen zu Dänemark. Für die Innenpolitik ist Grönland selbst verantwortlich, bei der Außenpolitik wird das Land durch Dänemark vertreten. Grönland wird geografisch allerdings zum arktischen Nordamerika gerechnet.

**15.** Antwort c ist richtig. Die Rocky Mountains sind eine Gebirgskette mit einer Länge von über 4.500 km. Der Mount McKinley in Alaska ist mit 6.194 m der höchste Berg der Rockies und gleichzeitig auch ganz Nordamerikas.

**16.** Antwort b ist richtig. Der Yellowstone-Nationalpark wurde 1872 gegründet und liegt zum Teil direkt über einer Magmakammer. Das erklärt die über 10.000 heißen Quellen und Geysire.

**17.** Antwort a ist richtig. Beim traditionellen Sumo-Ringkampf ist Standfestigkeit und Gewandtheit wichtig. Ziel ist es, den Gegner aus dem vorgegebenen Kreis zu drängen. Beim Kampf dürfen nur die Füße den Boden berühren.

**18.** Antwort c ist richtig. Etwa 2.000 verschiedene Sprachen werden in Afrika gesprochen. Diese lassen sich in vier Sprachstämme einteilen.

**19.** Antwort c ist richtig. Tasmanien gehört zu Australien und liegt vor dessen Südostküste. Im 19. Jahrhundert war die Insel eine berüchtigte britische Sträflingskolonie.

**20.** Antwort c ist richtig. Rodungen für landwirtschaftliche Flächen und die dafür notwendigen Straßen zerstören den Wald. Wilde Tiere werden geschossen, um sie als Delikatesse zu verkaufen. Bergwerke, die zum Beispiel Gold oder Kupfer fördern, vernichten weitere Flächen.

**21.** Antwort c ist richtig. Dänemark ist durch die Halbinsel Jütland mit Mitteleuropa verbunden. Jütland nimmt etwa die Hälfte des Landes ein. Außerdem gehören zu Dänemark etwa 550 benannte Inseln, die nur zum Teil bewohnt sind.

**22.** Antwort b ist richtig. Über die Hälfte der Schweiz besteht aus Bergen! Innerhalb der Schweiz ist der höchste Berg mit 4.634 m die Dufourspitze in den Walliser Alpen.

**23.** Antwort b ist richtig. 1863 wurde in London das erste U-Bahn-Netz der Welt eröffnet – allerdings wurden die Waggons seitdem öfter ausgetauscht.

**24.** Antwort a ist richtig. Algerien ist mit 2.382.741 $km^2$ das größte Land in Afrika und damit fast siebenmal so groß wie Deutschland.

**25.** Antwort b ist richtig. Die Straße von Gibraltar ist zwischen 14 km und 44 km breit, etwa 60 km lang und verbindet das Mittelmeer mit dem Atlantik. Auf der einen Seite dieser Meeresenge liegt das europäische, auf der anderen Seite das afrikanische Festland.

**26.** Antwort c ist richtig. Die Antarktis sind die um den Südpol gelegenen Land- und Meeresgebiete. Im Zentrum der Antarktis liegt der Kontinent Antarktika.

**27.** Antwort a ist richtig. Der höchste Kirchturm der Welt steht in Ulm! Er misst stolze 161,53 m, der des Kölner Doms „nur" 157 m.

**28.** Antwort b ist richtig. In Albanien, dem vergleichsweise kleinen Land in Osteuropa zwischen Serbien und Montenegro, ist der Albanische Lek die gültige Landeswährung.

**29.** Antwort c ist richtig. Die Mehrheit der Finnen spricht Finnisch. Daneben gibt es Minderheiten mit Schwedisch und Samisch als Muttersprache. Samisch ist die Sprache der Samen (Lappen), die in den nördlichen Regionen Lapplands leben.

**30.** Antwort b ist richtig. „Lettland" heißt übersetzt so viel wie „flaches Land" – kein Wunder, der höchste Berg des Landes, der Gaiziņkalns oder Gaising genannt wird, ist nur 311 m hoch.

**31.** Antwort a ist richtig. Keine Stadt verbraucht mehr Strom im Verhältnis zu ihrer Größe als Las Vegas im Bundesstaat Nevada. Der Strom wird für Kasinos, Hotels, Shows und die beeindruckende Stadtbeleuchtung benötigt.

**32.** Antwort b ist richtig. Die Höhenzüge der Anden verlaufen entlang der Westküste Südamerikas mit einer Gesamtlänge von etwa 7.500 km. Zu ihnen gehören auch die höchsten Vulkane der Erde.

**33.** Antwort a ist richtig. In Brasilien ist die Landessprache Portugiesisch, da das Land lange Zeit unter portugiesischer Herrschaft war. Ansonsten ist in den südamerikanischen Staaten häufig Spanisch die Landessprache.

**34.** Antwort b ist richtig. Mit dem Begriff „Zwergstaaten" bezeichnet man die Winzlinge unter den europäischen Staaten, die aber eigenständig sind, und das sind: Andorra, Liechtenstein, Malta, Monaco, San Marino und Vatikanstadt.

**35.** Antwort a ist richtig. Seit der Wiedervereinigung besteht Deutschland aus den 16 Bundesländern Baden-Württemberg, Bayern, Berlin, Brandenburg, Bremen, Hamburg, Hessen, Mecklenburg-Vorpommern, Niedersachsen, Nordrhein-Westfalen, Rheinland-Pfalz, Saarland, Sachsen, Sachsen-Anhalt, Schleswig-Holstein und Thüringen.

**36.** Antwort c ist richtig. Mit etwa 1,3 Milliarden Einwohnern ist China das bevölkerungsreichste Land der Erde. Pro Jahr nimmt die Bevölkerung zurzeit weiterhin um 0,6 % zu.

**37.** Antwort b ist richtig. Die britische Königin oder der britische König ist Staatsoberhaupt und wird in Australien durch die Generalgouverneurin oder den Generalgouverneur vertreten.

**38.** Antwort a ist richtig. Die Sorben sind eine kleine Bevölkerungsgruppe im Osten von Deutschland, genauer gesagt in der Ober- und Niederlausitz. Sie haben sich bis heute eine eigene Sprache und Kultur bewahrt.

**39.** Antwort b ist richtig. Die Nordsee ist bekannt für ihre Halligen, das sind winzige Inseln im Wattenmeer. Bei Sturmflut werden die Inseln oft vom Wasser überflutet, deshalb baut man die Häuser auf kleinen künstlich angelegten Hügeln, den sogenannten Warften.

**40.** Antwort a ist richtig. Afrika ist mit etwa 30 Millionen $km^2$ ungefähr dreimal so groß wie Europa mit nur ca. 10 Millionen $km^2$.

**41.** Antwort c ist richtig. Im Winter kann die Temperatur nachts bis auf -10 °C sinken. Zum Vergleich: Im Sommer steigen die Temperaturen tagsüber manchmal auf bis zu +60 °C.

**42.** Antwort a ist richtig. Bayern ist mit 70.552 $km^2$ Fläche das größte deutsche Bundesland. Das Bundesland mit den meisten Einwohnern dagegen ist Nordrhein-Westfalen.

**43.** Antwort c ist richtig. Norwegen reicht so weit in den Norden wie kein anderer europäischer Staat. Das Land grenzt im Osten an Schweden, im Nordosten an Finnland und Russland. Ganz im Norden liegt das berühmte Nordkap.

**44.** Antwort a ist richtig. Der Kaiserpinguin ist mit gut über 1 m Höhe die größte Art aus der Familie der Pinguine. Andere Pinguinarten findet man in Südamerika, Neuseeland, Australien, auf den Galápagosinseln und den Falklandinseln.

**45.** Antwort b ist richtig. Das Land mit den meisten Seen in Europa ist Finnland. Dort gibt es fast 190.000 Seen!

**46.** Antwort c ist richtig. Windsor Castle in England ist einer der Wohnsitze der britischen Königsfamilie und das größte durchgängig bewohnte Königsschloss der Welt.

**47.** Antwort c ist richtig. Die Balearen (Mallorca, Menorca, Ibiza, Formentera und Cabrera) im Mittelmeer gehören zu Europa, die Kanaren (Fuerteventura, Gran Canaria, El Hierro, Lanzarote, La Gomera, La Palma, Teneriffa) liegen im Atlantik und gehören zum Kontinent Afrika.

**48.** Antwort c ist richtig. Es gibt etwa 100 Millionen Schafe in Australien. Damit ist Australien der größte Wollproduzent der Welt.

**49.** Antwort b ist richtig. Astrid Lindgren wurde in Schweden geboren. Sie hat viele Kinderbücher, darunter „Pippi Langstrumpf", „Wir Kinder aus Bullerbü" und „Michel aus Lönneberga" geschrieben.

**50.** Antwort a ist richtig. Österreich hat im Gegensatz zu Polen, Frankreich und zahlreichen anderen europäischen Ländern keine Meeresküste und damit keinen direkten Zugang zum Meer.

**51.** Antwort c ist richtig. Der Fürst Vlad III. lebte vor über 500 Jahren in Rumänien und soll sehr grausam gewesen sein. Vermutlich war er das Vorbild für die blutrünstige Figur des Grafen Dracula.

**52.** Antwort b ist richtig. Die drei osteuropäischen Länder Estland, Lettland und Litauen werden baltische Staaten oder Baltikum genannt. Sie liegen an der Ostsee.

**53.** Antwort c ist richtig. Der Bodensee erstreckt sich über Teile Deutschlands, Österreichs und der Schweiz. Er ist unterteilt in die Abschnitte Obersee, Untersee und Seerhein.

**54.** Antwort a ist richtig. Rügen ist die größte deutsche Insel und liegt in der Ostsee. Berühmt ist Rügen vor allem wegen seiner schönen Kreidefelsen.

**55.** Antwort b ist richtig. Die Mittelmeerinsel Zypern ist seit 1974 zweigeteilt. Der größere südliche Teil Zyperns gehört zu Griechenland, der kleinere Teil im Norden zur Türkei.

**56.** Antwort a ist richtig. Ist in der Arktis Sommer, dann ist in der Antarktis Winter und die Sonne geht den ganzen Tag über nicht auf. In der Arktis ist es dann 24 Stunden am Tag hell.

**57.** Antwort b ist richtig. Nippon bedeutet auf Japanisch „Sonnenursprung", daher ist Japan auch als „Land der aufgehenden Sonne" bekannt. Die Flagge soll eine vereinfachte Sonne darstellen.

**58.** Antwort b ist richtig. Der Neusiedler See ist ein sogenannter Steppensee, also ein sehr flacher See. An den tiefsten Stellen erreicht der Neusiedler See nur etwa 1,80 m Tiefe!

**59.** Antwort a ist richtig. Das Death Valley, das „Tal des Todes", liegt knapp 86 m unter dem Meeresspiegel und ist eine der trockensten Gegenden der Erde. Es ist Teil des Death-Valley-Nationalparks.

**60.** Antwort c ist richtig. Das Tote Meer zwischen Israel und Jordanien hat einen deutlich höheren Salzgehalt als andere Meere. Beim Schwimmen muss man sich deshalb kaum bewegen, sondern „schwebt" sozusagen im Wasser.

**61.** Antwort c ist richtig. Die Donau durchquert zehn Länder: Deutschland, Österreich, Slowakei, Ungarn, Kroatien, Serbien, Rumänien, Bulgarien, Moldawien und die Ukraine.

**62.** Antwort a ist richtig. Die Camargue im Süden von Frankreich ist ein riesiges Feucht- und Sumpfgebiet, in dem kaum Menschen wohnen. Dafür leben dort unter anderem Flamingos, Wildpferde und Stiere.

**63.** Antwort b ist richtig. Das Wattenmeer der Nordsee zwischen Dänemark und den Niederlanden steht größtenteils unter Naturschutz. Diese einzigartige Naturlandschaft bietet Lebensraum für Seehunde Schnecken, Krebse und Würmer.

**64.** Antwort a ist richtig. Jüngste archäologische Funde zeugen davon, dass die Aborigines von Südostasien nach Australien einwanderten. Sie bestehen aus mehreren Völkern und Stämmen.

**65.** Antwort c ist richtig. Das gut 2.300 km lange Great Barrier Reef vor der Küste Australiens, gebildet von Milliarden von Steinkorallen, ist das größte Korallenriff der Welt. Es ist etwa zwei Millionen Jahre alt und bietet Lebensraum für unzählige Meeresbewohner.

**66.** Antwort a ist richtig. Der Mount Erebus ist der südlichste aktive Vulkan der Erde.

**67.** Antwort c ist richtig. In Österreich hat man die größte Eishöhle der Welt entdeckt, die Eisriesenwelt. Das gesamte Höhlensystem erstreckt sich über mehr als 40 km, wobei etwa 1 km davon mit Eis bedeckt ist.

**68.** Antwort c ist richtig. In den Polargebieten Nordeuropas erlebt man manchmal das sogenannte Polarlicht. Nachts erscheint dann ein farbiger Lichtstreifen am Himmel, ausgelöst durch das Auftreffen von geladenen Teilchen des Sonnenwinds auf die Erdatmosphäre.

**69.** Antwort c ist richtig. Die Sahara erstreckt sich vom Atlantik bis zum Roten Meer quer durch Afrika.

**70.** Antwort a ist richtig. Ja, es gibt angepasste Tiere und Pflanzen in der Sahara. Pflanzen wie Akazien, Tamarisken und Gräser, aber auch Tiere wie Gazellen, Antilopen, Echsen, Schlangen und Skorpione haben sich an die Bedingungen in der Sahara angepasst.

**71.** Antwort c ist richtig. Der Ural, auch Uralgebirge genannt, wird üblicherweise als die Grenze zwischen Europa und Asien angesehen. Der Gebirgszug erstreckt sich über eine Länge von ca. 2.400 km.

**72.** Antwort b ist richtig. In der Lausitz leben derzeit ca. 40 Wölfe, verteilt auf fünf Wolfsrudel (Eltern mit Jungen). Die extrem scheuen Tiere wandern aus Polen, Tschechien oder den Alpen wieder in ihre einstige Heimat Deutschland zurück.

**73.** Antwort a ist richtig. Die Insel Spitzbergen gehört zu Norwegen und heißt in der Landessprache Svalbard. Weil die Insel ganz weit im Norden in Richtung Nordpol liegt, leben dort sogar Eisbären.

**74.** Antwort c ist richtig. In den Pindos-Bergen im Nordwesten von Griechenland befindet sich die Vikos-Schlucht, die mit über 900 m Tiefe als tiefste Schlucht der Welt gilt.

**75.** Antwort c ist richtig. Irland ist das waldärmste Land in Europa: Nur etwa 2 % der Landesfläche sind mit Wald bedeckt – dafür gibt es dort umso mehr Hügel und Meereskliffs.

**76.** Antwort a ist richtig. Die Macadamiabäume stammen ursprünglich aus den Regenwäldern von Australien. Die Macadamianuss wird wegen ihres feinen Geschmacks als die „Königin der Nüsse" bezeichnet.

**77.** Antwort b ist richtig. Stonehenge besteht aus mehreren Steinkreisen mit zum Teil bis zu 4 m hohen Steinpfeilern. Die Steinkreise stellen wahrscheinlich ein riesiges Kalenderwerk dar.

**78.** Antwort c ist richtig. Beim Mittsommerfest feiert man in Schweden und anderen nordischen Ländern die kürzeste Nacht des Jahres. Zwischen Pol und Polarkreis bleibt hier die Sonne auch um Mitternacht über dem Horizont, es wird dort also nicht dunkel.

**79.** Antwort a ist richtig. Das Wasser der Niagarafälle stürzt bis zu 58 m in die Tiefe. Durch eine Insel im Zulauf des Niagara River wird der Wasserfall in einen amerikanischen und einen kanadischen Teil getrennt. Niagara heißt in der Indianersprache „donnerndes Wasser".

**80.** Antwort c ist richtig. Etwa 80 % Grönlands sind von einer dicken Eisschicht bedeckt. Grönland liegt im nördlichen Polarkreis und ist die größte Insel der Erde.

**81.** Antwort b ist richtig. Die Zugspitze liegt im Wettersteingebirge, das ist ein Teil der Alpen. Die Zugspitze ist 2.962 m hoch und ist ein Grenzberg zwischen Deutschland und Österreich.

**82.** Antwort c ist richtig. Andorra la Vella, die Hauptstadt des Zwergstaates Andorra, liegt auf einer Höhe von 1.011 m. Damit ist es die höchst gelegene Hauptstadt Europas.

**83.** Antwort b ist richtig. Die Highlands, das schottische Hochland, bedecken über die Hälfte Schottlands. Es ist eine raue Gebirgslandschaft, die viele Flüsse und wenige Bäume hat.

**84.** Antwort b ist richtig. Hollywood ist ein Stadtteil von Los Angeles. Das erste Filmstudio wurde hier im Jahre 1911 eröffnet.

**85.** Antwort c ist richtig. Die Pyrenäen sind eine rund 430 km lange Gebirgskette, die sich zwischen dem Golf von Biskaya und dem Mittelmeer erstreckt. Damit bildet sie eine natürliche Grenze zwischen Spanien und Frankreich.

**86.** Antwort b ist richtig. Im Jahr 1989 wurde in Paris eine gläserne Pyramide eröffnet. Dies Bauwerk steht im Innenhof des Louvre, des größten Museums der Welt, und gilt als Wahrzeichen von Paris.

**87.** Antwort a ist richtig. Die Kirche Sagrada Familia, das Wahrzeichen von Barcelona, wurde ab 1882 vom spanischen Architekten Antonio Gaudí erbaut – allerdings ist sie bis heute nicht fertig, sondern wird immer noch an- und umgebaut!

**88.** Antwort b ist richtig. Das ist schon etwas Besonderes: ein Dom, auf dessen Dach man spazieren gehen kann! Beim Mailänder Dom geht das und man hat einen traumhaften Blick über die Stadt und manchmal sogar bis zu den Alpen.

**89.** Antwort c ist richtig. Der zum Atlantik gehörende Ärmelkanal verbindet Frankreich und England. Die Bauarbeiten des Eurotunnels, der unter dem Kanal hindurchführt, wurden 1994 beendet.

**90.** Antwort b ist richtig. Im weltberühmten Wachsfigurenkabinett „Madame Tussauds" in London ist unter anderem eine Wachsfigur des Harry-Potter-Darstellers Daniel Radcliffe zu finden.

**91.** Antwort c ist richtig. Der Norweger Johan Vaaler ist der Erfinder der Büroklammer. Sein Patent war das erste weltweit für dieses nützliche Hilfsmittel.

**92.** Antwort a ist richtig. Albert Einstein war Jude und musste aufgrund der Verfolgung der Juden durch die Nationalsozialisten 1935 von Deutschland in die USA auswandern.

**93.** Antwort b ist richtig. Im Gegensatz zu anderen Bumerang-Arten kehrt dieser allerdings nicht zum Werfer zurück. Für die Jagd ist er von Vorteil, da er weiter und genauer geworfen werden kann.

**94.** Antwort a ist richtig. Die Wollemi-Kiefer, eine Nadelbaumart, wurde 1994 in der Nähe von Sydney entdeckt und soll 160 bis 170 Millionen Jahre alt sein. Damit ist sie die älteste noch existierende Baumart der Welt.

**95.** Antwort c ist richtig. Russland (sowie auch ein kleiner Teil der Türkei) liegen auf beiden Kontinenten. Europa gilt als eigener Kontinent, auch wenn es zu Asien keine geografische Grenze wie beispielsweise einen Fluss oder einen Gebirgszug gibt.

**96.** Antwort a ist richtig. Der Seefahrer Christopher Kolumbus machte sich im Jahr 1492 von Genua in Italien auf den Weg nach Indien. Tatsächlich landete er aber auf dem amerikanischen Kontinent und gilt deshalb als Entdecker Amerikas.

**97.** Antwort a ist richtig. Die größten Sümpfe Europas, die Rokitnosümpfe, befinden sich im Süden von Weißrussland und Nordwesten der Ukraine. Sie bedecken eine Fläche von rund 40.000 km$^2$.

**98.** Antwort a ist richtig. Alle Weltmeere zusammen bedecken über 70 % der Erdoberfläche. Damit stellen sie den größten Lebensraum der Erde dar.

**99.** Antwort a ist richtig. Der mächtige Gebirgszug des Apennins durchquert auf einer Länge von rund 1.500 km Italien von Norden nach Süden. Man sagt deshalb auch, dass Italien auf der Apennin-Halbinsel liegt.

**100.** Antwort c ist richtig. Die Wolga ist mit einer Länge von rund 3.530 km der längste Fluss in Europa. Auf ihrem Weg quer durch Russland ins Kaspische Meer fließen ihr etwa 200 kleinere Flüsse zu.

**101.** Antwort c ist richtig. Der Begriff Antarktis kommt aus dem Griechischen: „anti" heißt auf Griechisch „gegenüber". Also bedeutet Antarktis: „gegenüber der Arktis".

**102.** Antwort b ist richtig. Der Norweger Roald Amundsen erreichte am 14. Dezember 1911 als erster Mensch den Südpol. Sein Rivale, der Engländer Robert Scott, kam einen Monat später an.

**103.** Antwort c ist richtig. Frankreich hat drei Meeresküsten: im Norden die Nordsee, im Westen den Atlantik und im Süden das Mittelmeer.

**104.** Antwort a ist richtig. Das Mittelmeer, ein Nebenmeer des Atlantiks, ist 2,5 Millionen km² groß und erstreckt sich zwischen Europa, Afrika und Asien.

**105.** Antwort b ist richtig. Sizilien ist nicht nur die größte italienische Insel, sondern sogar die größte Mittelmeerinsel überhaupt. Sardinien ist die zweitgrößte Insel im Mittelmeer.

**106.** Antwort c ist richtig. Mecklenburg-Vorpommern im Nordosten Deutschlands ist das Bundesland mit den meisten Seen. Hunderte von größeren und kleineren Seen durchziehen das flache Land.

**107.** Antwort a ist richtig. 2008 sind Bären hunderte Kilometer von Grönland aus nach Osten getrieben worden und dann wohl den letzten Teil der Strecke bis zur isländischen Nordküste geschwommen.

**108.** Antwort b ist richtig. Das Schwarze Meer gehört wegen seiner schönen Sandstrände zu den beliebtesten Urlaubszielen in Bulgarien.

**109.** Antwort a ist richtig. In Italien gibt es noch aktive Vulkane, als die wohl bekanntesten gelten der Vesuv und der Ätna.

**110.** Antwort a ist richtig. Die Heimat des Flamencos ist Spanien, genauer gesagt Andalusien in Südspanien. Zum Flamenco gehören das Gitarrenspiel, der Sänger sowie der charakteristische Tanz.

**111.** Antwort c ist richtig. Der längste und größte Gletscher der Welt ist etwa 400 km lang und um die 50 km breit. Er heißt Lambert-Gletscher und man findet ihn auf dem Kontinent Antarktika.

**112.** Antwort b ist richtig. Die übliche Begrüßung in Japan ist eine Verbeugung. Je tiefer diese ist, desto größer ist der damit gezeigte Respekt. Höflichkeit ist für die Japaner sehr wichtig.

**113.** Antwort b ist richtig. Der Mount Everest liegt im Himalaja-Gebirge und ist mit 8.848 m der höchste Berg der Erde. Seine Nordseite liegt in Tibet, seine anderen Bergseiten in Nepal.

**114.** Antwort a ist richtig. Die Hauptstadt von Indien heißt Neu-Delhi. Sie liegt im Norden des Landes und hat etwa 250.000 Einwohner. Zusammen mit der nahe liegenden Stadt Delhi sind es allerdings an die 17.000.000 Einwohner.

**1.** Antwort a ist richtig. Ein männlicher Bewerber muss mindestens 1,65 m groß sein, für weibliche Bewerber reicht eine Mindestgröße von 1,63 m aus.

**2.** Antwort b ist richtig. Die Ausbildung dauert zwischen zwei und drei Jahren. Da die Bundesländer die Ausbildung ihrer Polizisten regeln, ist die Ausbildungsdauer von Bundesland zu Bundesland verschieden.

**3.** Antwort a ist richtig. Ein angehender Polizist muss sich mit dem politischen System der Bundesrepublik Deutschland befassen, denn er sollte über die Organisation und die Werte informiert sein, um für innere Sicherheit sorgen zu können.

**4.** Antwort c ist richtig. Je nach Bundesland werden die Polizeimeisteranwärter nach einem Jahr zum Polizeimeister befördert.

**5.** Antwort c ist richtig. Die Kriminalistik befasst sich mit Maßnahmen zur Verhinderung, Bekämpfung und Aufklärung von Straftaten sowie der Verfolgung von Straftätern.

**6.** Antwort a ist richtig. Für den Beruf des Kommissars benötigt man im Allgemeinen das Abitur oder die Fachhochschulreife und studiert anschließend an einer besonderen Fachhochschule für Rechtspflege.

**7.** Antwort b ist richtig. Ein Polizeimeister hat zwei Sterne auf seinen Schulterklappen, ein Polizeiobermeister drei Sterne. Mitglieder der Wasserschutzpolizei tragen statt der Sterne Streifen.

**8.** Antwort a ist richtig. Die Lübecker Hütchen, auch Pylone genannt, wurden 1952 in Lübeck erfunden. Mehrere tausend werden pro Jahr noch immer von dort ausgeliefert.

**9.** Antwort a ist richtig. Nur Einsatzfahrzeuge der Polizei, der Feuerwehr, der Rettungsdienste, des Technischen Hilfswerks und der Bundeswehr dürfen blaue Rundumkennleuchten einsetzen. So werden die Blinklichter in der Fachsprache genannt.

**10.** Antwort c ist richtig. Die Europol-Zentrale befindet sich in der niederländischen Stadt Den Haag. Europol bekämpft vor allem das organisierte Verbrechen.

**11.** Antwort b ist richtig. Der Deutsche Bundestag besitzt eine eigene Polizei. Ihr Chef ist der Bundestagspräsident. Andere Polizeibehörden haben im Bundestag kein Recht zum Durchgreifen.

**12.** Antwort a ist richtig. Die Kriminalpolizei nimmt Tatverdächtige in Untersuchungshaft. Die Untersuchungshaft wird von einem Richter angeordnet. Oft wird sie auch als „U-Haft" abgekürzt.

**13.** Antwort b ist richtig. Die Polizei hat die Notrufnummer 110. Feuerwehr und Rettungsdienst haben die Nummer 112.

**14.** Antwort c ist richtig. Ein Verdächtiger kann eine Kaution hinterlegen, die Höhe der Kaution legt der Richter fest. Erscheint der Angeklagte zur Verhandlung, erhält er die Kaution zurück.

**15.** Antwort c ist richtig. Einem Staatsoberhaupt stehen 15 Motorradfahrer als Begleitung zu. Diese Zahl ist im sogenannten „Protokoll", also dem Regelwerk für Staatsbesuche, genau festgelegt.

**16.** Antwort c ist richtig. Personenschützer der Sicherungsgruppe treten nicht in Uniform auf. Sie sind bewaffnet und besonders geschult in der Beobachtung von Menschen, so können sie verdächtige Personen schnell erkennen.

**17.** Antwort a ist richtig. Der Chef aller Polizisten ist der Innenminister, da die Hoheit über die Polizei laut Verfassung bei den Bundesländern liegt. In einigen Bundesländern (Berlin, Bremen, Hamburg) heißen die Innenminister allerdings Innensenatoren.

**18.** Antwort b ist richtig. In Frankreich ist der Begriff „Flic" üblich. In französischen Städten trifft man meistens die Beamten der Gemeindepolizei („Police municipale") an, Frankreich hat aber auch eine Nationalpolizei.

**19.** Antwort c ist richtig. Als das Blaulicht vor rund 70 Jahren in Deutschland eingeführt wurde, waren die Farben Rot, Grün und Gelb schon für die Ampel vergeben. Als auffällige Farbe war nur noch Blau übrig.

**20.** Antwort b ist richtig. Die Kriminalpolizei hat auch die Aufgabe, die Bürger zu beraten. So erfahren die Bürger zum Beispiel, wie sie ihre Häuser besser vor Einbrechern schützen können.

**21.** Antwort a ist richtig. Die Beweisstücke werden Asservaten genannt und in der Asservatenkammer aufbewahrt.

**22.** Antwort c ist richtig. Der Beweis, nicht am Tatort gewesen zu sein, wird Alibi genannt. Das Wort „Alibi" stammt aus dem Lateinischen und heißt „anderswo".

**23.** Antwort a ist richtig. Dieses Zeichen entspricht der roten Ampel. Wenn er einen Arm hebt und sich der anderen Fahrtrichtung zuwendet, bedeutet das „Gelb" für die Autofahrer.

**24.** Antwort b ist richtig. Der Mantel, auch Verkehrsmantel genannt, ist oben rot-orange und in der Mitte und unten weiß, damit der Polizist nicht zu übersehen ist.

**25.** Antwort a ist richtig. Um sich auszuweisen, zeigt ein Kriminalbeamter seine Dienstmarke. Sie ist oval, aus Messing und meistens an einer Kette befestigt.

**26.** Antwort b ist richtig. Wird vom Richter eine Telekommunikationsüberwachung angeordnet, kann die Polizei nicht nur das Telefon überwachen, sondern auch den E-Mail-Verkehr oder den Austausch von SMS-Nachrichten.

**27.** Antwort a ist richtig. Die Ringalarmfahndung (auch Ringfahndung genannt) findet zum Beispiel nach einem Bankraub statt. Durch die schnelle Absperrung und Kontrolle sämtlicher Fluchtmöglichkeiten versucht die Polizei, die Täter noch in der Nähe des Tatortes festzunehmen.

**28.** Antwort c ist richtig. Das Bundeskriminalamt wird vor allem bei der internationalen Verbrechensbekämpfung eingesetzt. Der Hauptsitz dieser Behörde befindet sich in Wiesbaden.

**29.** Antwort a ist richtig. Um sich für den mittleren Polizeidienst zu bewerben, reicht normalerweise die mittlere Reife. Wenn der Bewerber bereits eine abgeschlossene Berufsausbildung vorweisen kann, reicht auch ein Hauptschulabschluss.

**30.** Antwort c ist richtig. Ein Bewerber für den Polizeidienst sollte in der Regel mindestens 17 Jahre alt sein. In einigen Bundesländern kann die Ausbildung aber auch schon mit 16 Jahren beginnen.

**31.** Antwort a ist richtig. Das Martinshorn verdankt seinen Namen einer Firma, die Signalhörner herstellt. Es wird in Deutschland im Allgemeinen zusammen mit dem Blaulicht eingesetzt.

**32.** Antwort c ist richtig. Bei einer Verkehrskontrolle werden Fahrzeuge mit der Winkerkelle zum Anhalten aufgefordert. Auf der Winkerkelle, auch Anhaltestab genannt, steht „Halt Polizei".

**33.** Antwort a ist richtig. Die Sicherung aus Auswertung von Fingerabdrücken wird Daktyloskopie genannt. „Daktylos" kommt aus dem Griechischen und heißt übersetzt „Finger". „Skopein" wird mit „betrachten" übersetzt.

**34.** Antwort b ist richtig. Fußabdrücke werden mit Gips ausgegossen. Sobald der Gips getrocknet ist, kann anhand des Abdrucks die Schuhgröße und die Beschaffenheit des Schuhs besser festgestellt werden und eventuell wichtige Hinweise über den Täter liefern.

**35.** Antwort c ist richtig. Ein Phantombild wird entweder von einem Zeichner angefertigt oder aus Folien, dem sogenannten Identikit, zusammengestellt. Es gibt auch spezielle Computerprogramme, um Phantombilder anzufertigen.

**36.** Antwort a ist richtig. Die erfolgreiche Krimiserie „Die drei ???" wurde 1962 von dem Journalisten Robert Arthur (1909-1969) erfunden und ist bis heute ein großer Erfolg.

**37.** Antwort a ist richtig. Der Speichel enthält das Erbgut eines Menschen, die DNA. Hat man am Tatort eine DNA-Spur gefunden, zum Beispiel in Form von Haaren, so kann man sie mit der DNA des Verdächtigen vergleichen und so eventuell den Täter überführen. Die DNA jedes Menschen ist einzigartig.

**38.** Antwort b ist richtig. Tyvek-Anzüge bestehen aus einem besonderen Kunststoff, der fast keine Fasern verliert und keinen Schweiß oder Haare nach außen dringen lässt. So werden die Tatorte möglichst rein gehalten.

**39.** Antwort a ist richtig. Es werden Polizeihubschrauber eingesetzt. Nicht alle deutschen Bundesländer verfügen über eine Polizeihubschrauberstaffel, da diese sehr teuer ist.

**40.** Antwort b ist richtig. Von der Leitstelle aus werden Einsätze geleitet und Kräfte wie Feuerwehr oder Rettungsdienst koordiniert.

**41.** Antwort a ist richtig. Offiziell heißt die berittene Polizei „Royal Canadian Mounted Police", doch werden die rot uniformierten Reiter oft „Mounties" genannt.

**42.** Antwort b ist richtig. Ihren Namen Scotland Yard verdankt die Polizeibehörde der ehemaligen Vertretung der schottischen Könige, die sich einst am Standort des ersten Polizeigebäudes befunden hat.

**43.** Antwort c ist richtig. Das Wort „Delikt" stammt aus dem Lateinischen und bedeutet „Verfehlung".

**44.** Antwort a ist richtig. Bei der Durchsuchung einer Wohnung haben sich die Beamten an klare gesetzliche Regeln zu halten. Ohne die Anordnung eines Richters dürfen sie keine Wohnung durchsuchen, es sei denn, es besteht eine besondere Gefahrensituation.

**45.** Antwort b ist richtig. Der Staatsanwalt ist auch der Chef der ermittelnden Beamten, die ihm regelmäßig Bericht erstatten müssen.

**46.** Antwort c ist richtig. Das Spezialeinsatzkommando (SEK) besteht aus besonders ausgebildeten Polizisten, die zum Beispiel auch bei Geiselnahmen und Entführungen eingesetzt werden.

**47.** Antwort c ist richtig. Megafone können beispielsweise auch auf Einsatzfahrzeugen fest montiert sein, um Durchsagen während der Fahrt zu machen.

**48.** Antwort a ist richtig. Zur Tatortarbeit gehört keineswegs nur die Sicherung von Spuren, sondern auch die Absperrung, das Befragen von Zeugen und die Kontrolle von Schaulustigen, unter denen sich nicht selten der Täter befindet.

**49.** Antwort a ist richtig. Anhand des Spurenbildes soll der Tathergang nachvollzogen werden. Daher ist es wichtig, alle Spuren, von den Fingerabdrücken bis zur Tatwaffe, zu sichern.

**50.** Antwort b ist richtig. Die Mitarbeiter sollten keine Spuren hinterlassen, denn sonst könnte man später die echten Spuren von den Spuren der Ermittler nicht mehr unterscheiden. Deswegen tragen sie bei ihrer Arbeit Handschuhe und spezielle Overalls.

**51.** Antwort b ist richtig. „Forensik" stammt aus dem Lateinischen und bedeutet „Forum" bzw. „Marktplatz". Denn früher fanden Gerichtsverfahren und Untersuchungen auf dem Marktplatz statt.

**52.** Antwort a ist richtig. In Entenhausen heißt der Polizeichef Albert Hunter. Sein Assistent ist Inspektor Issel.

**53.** Antwort b ist richtig. Um ein Bewegungsprofil zu erstellen, müssen sehr viele Daten über Aufenthaltsorte gesammelt und miteinander verknüpft werden. Dies kann aber teilweise wichtige Informationen über den Täter ergeben.

**54.** Antwort a ist richtig. Nach der Ausbildung darf sich der Polizist „Polizeimeister" nennen. Der nächsthöhere Dienstgrad ist der Polizeiobermeister.

**55.** Antwort c ist richtig. Die erkennungsdienstliche Behandlung dient dazu, die Identität einer Person genau festzustellen und die Daten für spätere Vergleiche zu speichern. Dazu werden auch Fingerabdrücke aufgenommen und Fotos gemacht.

**56.** Antwort c ist richtig. Wachtmeister Dimpfelmoser versucht, den Räuber Hotzenplotz zu fangen. Erfunden wurden die Geschichten über den Räuber Hotzenplotz von dem Schriftsteller Otfried Preußler.

**57.** Antwort b ist richtig. Das „Federal Bureau of Investigation" (FBI) darf in jedem US-Bundesstaat ermitteln.

**58.** Antwort a ist richtig. Einstaubung mit einem Pulver macht Fingerabdrücke sichtbar, denn es haftet auf dem Fett und dem Schweiß, den die Finger hinterlassen haben. Zum Beispiel feine Eisenspäne sind als Pulver geeignet.

**59.** Antwort b ist richtig. Bei der Gegenüberstellung hat der Zeuge meist die Aufgabe, einen Verdächtigen aus einer Gruppe von Unbeteiligten herauszusuchen. So wird festgestellt, ob der Zeuge den Verdächtigen auch tatsächlich wiedererkennt.

**60.** Antwort a ist richtig. Eine Observation ist die (möglichst unbemerkte) Beobachtung einer Zielperson.

**61.** Antwort b ist richtig. Verdeckte Ermittler werden eingesetzt, um Informationen und Beweise zu erhalten, die auf anderem Wege nicht zu beschaffen sind.

**62.** Antwort c ist richtig. Diesen Haftbefehl kann nur ein Richter anordnen. Damit kann ein dringend Tatverdächtiger in Untersuchungshaft genommen werden.

**63.** Antwort b ist richtig. Der V-Mann, offiziell V-Person oder Verbindungsperson genannt, ist kein Beamter, sondern ein ständiger Informant, der mit der Behörde zusammenarbeitet.

**64.** Antwort a ist richtig. Dieses Protokoll ist meist ein Ergebnisprotokoll, also eine Zusammenfassung der Aussage. Es gibt jedoch auch das Verlaufsprotokoll, in dem jede Aussage wörtlich festgehalten wird.

**65.** Antwort a ist richtig. Strafen für Ordnungswidrigkeiten im Straßenverkehr sind im Bußgeldkatalog aufgeführt. Der Katalog reicht von Geldstrafen bis hin zu Fahrverboten, je nach Schwere der Ordnungswidrigkeit.

**66.** Antwort c ist richtig. Interpol ist die Abkürzung für „International Criminal Police Organization". Die Behörde hat ihren Sitz in der französischen Stadt Lyon und wurde 1923 gegründet.

**67.** Antwort c ist richtig. Das Wort „Cop" geht auf das englische Verb „to cop" zurück, das „jemanden verhaften" bedeutet.

**68.** Antwort c ist richtig. Nachgemachte Geldscheine heißen umgangssprachlich „Blüten".

**69.** Antwort b ist richtig. In Deutschland gibt es ungefähr 250.000 Polizisten. Somit ist ein Polizist für etwa 330 Bürger da.

**70.** Antwort c ist richtig. Die Wasserschutzpolizei wird auch ganz normal an Land eingesetzt und überwacht zum Beispiel Abfall- und Gefahrentransporte.

**71.** Antwort a ist richtig. Der Verkehrsunterricht ist in vielen Bundesländern eine der Aufgaben der Polizei. Die Polizisten kommen bereits in den Grundschulunterricht und erklären die Verkehrsregeln.

**72.** Antwort b ist richtig. Der Ausdruck heißt eigentlich „in flagranti delicto", stammt aus dem Lateinischen und bedeutet „auf frischer Tat ertappt".

**73.** Antwort b ist richtig. Wachpolizisten sind Angestellte und keine Beamte. Sie haben nicht alle Befugnisse eines Streifenpolizisten und übernehmen Aufgaben wie den Transport von Gefangenen oder die Bewachung von Gebäuden.

**74.** Antwort a ist richtig. Feldjäger sind nicht nur für Ordnungsaufgaben in der Bundeswehr zuständig, sondern verfolgen auch Straftaten, die an Angehörigen oder auch von Angehörigen der Bundeswehr begangen werden.

**75.** Antwort b ist richtig. „Spusi" ist die Abkürzung für Spurensicherung. Das ist eine Abteilung der Kriminalpolizei, die an Tatorten Fingerabdrücke und andere Spuren sichert. Unter anderem werden dafür auch Spürhunde eingesetzt.

**76.** Antwort b ist richtig. „Razzia" bedeutet ursprünglich Kriegszug. Heute wird darunter eine Durchsuchungsaktion der Polizei verstanden.

**77.** Antwort c ist richtig. Der Polizeifunk heißt im amtlichen Sprachgebrauch BOS-Funk. „BOS" bedeutet „Behörden und Organisationen mit Sicherheitsaufgaben". Dazu gehören neben der Polizei auch die Feuerwehr, der Zoll und die Rettungsdienste.

**78.** Antwort a ist richtig. Polizeiaufgaben unterstehen der Hoheit der Bundesländer. Daher gibt es auch unterschiedliche Uniformen und Einsatzfahrzeuge.

**79.** Antwort a ist richtig. Nach seiner Beförderung wird der Polizeiobermeister zum Polizeihauptmeister und gehört zum mittleren Dienst. Er wird aufgrund seiner Leistung und Erfahrung befördert.

Checker Can

**1.** Antwort c ist richtig. Beim Feldhockey beträgt die reguläre Höhe des Tors 2,14 m. Damit ein Tor zählt, muss der Ball innerhalb der markierten Schusskreise von einem Spieler der angreifenden Mannschaft zuletzt berührt worden sein.

**2.** Antwort b ist richtig. „Touchdown" bezeichnet im American Football einen Gewinn von sechs Punkten. Dabei wird der Ball – der nicht rund, sondern eher eiförmig ist – in die gegnerische Endzone getragen oder dort gefangen.

**3.** Antwort a ist richtig. Bei starkem Schneefall muss der Fußball eine leuchtende Farbe (zum Beispiel rot) haben, sonst wäre er für die Spieler auf dem verschneiten Rasen schwer zu sehen und zu treffen. Auch der Torwart kann den Ball so sicherer erkennen und fangen.

**4.** Antwort a ist richtig. Eine Halbzeit beim Handball beträgt 30 Spielminuten. Die Schiedsrichter können nach eigenem Ermessen die Spielzeit unterbrechen, dabei wird die Uhr der Spielzeit angehalten, damit am Ende genau 60 min gespielt wurden.

**5.** Antwort c ist richtig. Da die Eckfahne beim Fußball Teil des Spielfeldes ist und der Ball somit das Spielfeld gar nicht verlassen hat, wird weitergespielt.

**6.** Antwort b ist richtig. Der aufschlaggebende Spieler hat nach dem Pfiff des Schiedsrichters 8 s Zeit, den Aufschlag durchzuführen. Führt der Aufschlag sofort zu einem Punkt, nennt man dies „As".

**7.** Antwort a ist richtig. American Football (sowie auch Canadian Football) stammt vom in England entstandenen Rugby ab, ist aber eine eigene Sportart mit teilweise unterschiedlichem Regelwerk.

**8.** Antwort a ist richtig. Falls wegen Platzverweisen weniger als sieben Fußballspieler einer Mannschaft auf dem Platz sind, wird das Spiel vom Schiedsrichter abgebrochen.

**9.** Antwort b ist richtig. Beim Triathlon gibt es mehrere Wettkampfdistanzen, die Reihenfolge der Sportarten ist aber immer gleich. Beim bekannten Ironman-Wettkampf zum Beispiel muss der Sportler 3,86 km Schwimmen, 180 km Fahrradfahren und einen Marathonlauf hintereinander absolvieren.

**10.** Antwort c ist richtig. Nur vier Mannschaften aus Europa nahmen an dieser ersten Fußball-WM teil, Deutschland war nicht unter den Teilnehmern. Weltmeister wurde Gastgeber Uruguay.

**11.** Antwort c ist richtig. Trinidad und Tobago konnte sich 2006 das erste Mal für eine Fußball-WM qualifizieren. Der Inselstaat ist noch kleiner als die bisherigen kleinen WM-Teilnehmer Costa Rica oder Slowenien.

**12.** Antwort c ist richtig. Ein Baseball ist ein Ball, dessen Oberfläche aus zwei Stücken weißem Leder besteht, die mit einem roten Garn vernäht sind. Der Ball hat einen Durchmesser von etwa 7,4 cm.

**13.** Antwort c ist richtig. Bei einem Polospiel treten zwei Teams mit je vier auf Pferden reitenden Spielern gegeneinander an. Ziel ist es, so viele Tore wie möglich zu machen, indem die Spieler einen Ball mit einem langen Holzschläger ins gegnerische Tor schießen. Polo ist vor allem im Vereinigten Königreich und Argentinien besonders beliebt.

**14.** Antwort b ist richtig. Die erste Frauenfußball-WM fand 1991 in China statt. Weltmeister wurden die USA.

**15.** Antwort a ist richtig. Ein Basketballkorb ist in 3,05 m Höhe und jeweils an den beiden gegenüberliegenden Schmalseiten des Spielfelds angebracht.

**16.** Antwort b ist richtig. Außerhalb des Strafraums darf der Torwart den Ball nicht mit der Hand spielen. Tut er es doch und verhindert damit ein Tor, bekommt er die Rote Karte.

**17.** Antwort a ist richtig. Bei der Leichtathletik unterteilt man die Sportarten in Laufen (zum Beispiel Langstreckenlauf), Springen (zum Beispiel Hochsprung) und Werfen (zum Beispiel Kugelstoßen).

**18.** Antwort c ist richtig. In China wurde ein Spiel mit dem Namen „Ts'uh-küh" gespielt, das dem heutigen Fußballspiel sehr ähnlich war.

**19.** Antwort a ist richtig. Mit 800 km² passt ein Handballfeld ungefähr 13,5 Mal in das größte, nach offiziellen Regeln erlaubte Fußballfeld.

**20.** Antwort b ist richtig. Seit 1908 wurde Fußball vom Militär zu Trainingszwecken eingesetzt. In Deutschland wurden diese und andere Begriffe aus der Sprache des Militärs übernommen.

**21.** Antwort b ist richtig. Wer beim Tischtennis zuerst 11 Punkte erreicht hat, gewinnt den Satz. Dabei muss er aber mindestens zwei Punkte Vorsprung vor seinem Gegner haben, sonst wird weitergespielt bis das der Fall ist.

**22.** Antwort b ist richtig. Die Karten wurden 1970 eingeführt und haben sich seitdem als Instrumente des Schiedsrichters sehr bewährt.

**23.** Antwort b ist richtig. Bei einem Hindernislauf müssen 3.000 m gelaufen werden, das sind ca. siebeneinhalb Stadienrunden. Je Runde müssen jeweils vier Hürden sowie eine Hürde mit Wassergraben überwunden werden.

**24.** Antwort c ist richtig. Der englische Verein Sheffield F.C. war der erste Fußballverein der Welt.

**25.** Antwort a ist richtig. Das Harz gibt dem Handballer einen besseren Griff und der Ball kann so besser geworfen und gefangen werden.

**26.** Antwort c ist richtig. Die ersten Spielregeln, von denen viele im Prinzip heute noch gelten, wurden von Studenten der Universität Cambridge in England verfasst.

**27.** Antwort b ist richtig. Es traten 1900 nur drei Länder an, nämlich England, Frankreich und Belgien. England gewann das Turnier.

**28.** Antwort c ist richtig. Beim Dreisprung werden drei Sprünge direkt hintereinander gemacht: Zunächst wird nach dem Anlauf vom Absprungbalken aus abgesprungen („Hop"). Die erste Landung muss mit demselben Fuß erfolgen, mit dem abgesprungen wurde. Dann folgt die Landung mit dem anderen Fuß („Step") und dann wie beim Weitsprung der Sprung in die Sandgrube („Jump").

**29.** Antwort c ist richtig. Die ersten Spiele wurden zwischen Dörfern und Städten ausgetragen, deren Stadttore als reguläre Tore dienten.

**30.** Antwort b ist richtig. Der Marathonlauf ist eine Laufveranstaltung über 42,195 km. Der Marathon ist die längste olympische Laufdisziplin in der Leichtathletik. Der Weltrekord bei dieser Disziplin liegt bei etwa zwei Stunden und 4 min.

**31.** Antwort a ist richtig. Der Verein von Sheffield in England konnte sich 1878 die erste elektrische Flutlichtanlage leisten.

**32.** Antwort a ist richtig. Pritschen ist beim Volleyball ein Zuspiel, bei dem die Handflächen in Richtung Ball zeigen. Baggern dagegen ist ein Zuspiel, bei dem der Ball mit den parallel gehaltenen, durchgestreckten Unterarmen von unten gespielt wird.

**33.** Antwort b ist richtig. Beim Baseball gewinnt die Mannschaft, die die meisten Runs erreicht. Ein Run wird erzielt, wenn ein Spieler alle Bases passiert und seinen Ausgangsstandpunkt wieder erreicht hat.

**34.** Antwort b ist richtig. Die Mannschaften auf den Plätzen 16 bis 18 der 1. Bundesliga steigen ab, die Plätze 1 bis 3 der 2. Bundesliga steigen auf. Seit der Saison 2008/09 gibt es allerdings eine Relegationsrunde, in der der 16. der 1. Liga gegen den 3. der 2. Liga um den Platz in der 1. Bundesliga spielt.

**35.** Antwort a ist richtig. Die weltbesten Speerwerfer können mit einem Wurf den Speer fast 100 m weit werfen. Die Speere sind zwischen 2,20 m und 2,80 m lang und zwischen 600 und 800 g schwer.

**36.** Antwort a ist richtig. Karl-Heinz Körbel spielte von 1972 bis 1991 für Eintracht Frankfurt und wechselte nie den Verein. In den 90er-Jahren wurde er sogar Cheftrainer.

**37.** Antwort b ist richtig. Im Boxen spricht man von einem „Knock-out" (auch „K.o." genannt), wenn ein angeschlagener Boxer nicht mehr in der Verfassung ist, den Kampf nach einer kurzen Erholungsphase, meistens ca. 10 s, wieder aufzunehmen.

**38.** Antwort c ist richtig. Diese Titelverteidigung von Borussia Mönchengladbach galt damals als Sensation. Mit dem Gewinn der Meisterschaften 1975, 1976 und 1977 gelang Mönchengladbach später sogar der Titel-Hattrick.

**39.** Antwort a ist richtig. Bayern München hatte zum Ende der Saison 1985/86 genauso viele Punkte wie Werder Bremen. Nur wegen des besseren Torverhältnisses wurde Bayern Meister.

**40.** Antwort b ist richtig. Beim Volleyball spielen pro Team sechs Spieler. Eine Mannschaft kann zusätzlich sechs Auswechselspieler auf der Bank haben.

**41.** Antwort c ist richtig. Beim Eishockey sind die Torstangen immer rot, damit man sie auf dem weißen Eisfeld besser sehen kann.

**42.** Antwort b ist richtig. Der FC Bayern München stieg erst 1965 in die Bundesliga auf und war somit nicht von Anfang an dabei.

**43.** Antwort a ist richtig. Bowling wird mit zehn Pins (so werden die Kegel genannt) gespielt. Beim Kegeln hingegen gibt es neun Kegel.

**44.** Antwort c ist richtig. Jörg Butt, der bislang für den Hamburger SV und Bayer Leverkusen im Tor stand, ist Elfmeterexperte und der erfolgreichste Torwart-Torschütze der Bundesliga.

**45.** Antwort b ist richtig. Der Elfmeterkreis wurde 1902 zu einem Elfmeterpunkt. An dieser Linienführung wurde seitdem nichts mehr verändert.

**46.** Antwort c ist richtig. Das erste Handball-Länderspiel fand am 13. September 1925 in Halle an der Saale zwischen Deutschland und Österreich statt. Dabei gewann Österreich mit 6:3 Toren.

**47.** Antwort b ist richtig. Sepp Herberger war von 1936 bis 1942 sowie von 1950 bis 1964 Trainer der deutschen Nationalmannschaft.

**48.** Antwort c ist richtig. Eisstockschießen ist im Alpenraum verbreitet und hat eine Ähnlichkeit mit der olympischen Disziplin Curling.

**49.** Antwort b ist richtig. Es dürfen maximal drei Spieler ausgetauscht werden, zum Beispiel wenn sie erschöpft oder verletzt sind, oder weil sich der Trainer mit einem neuen Spieler mehr Erfolg erhofft.

**50.** Antwort a ist richtig. Judo ist eine japanische Kampfsportart, deren Name übersetzt „sanfter Weg" bedeutet. Beim Judo kommt es darauf an, mit einem minimalen körperlichen Aufwand eine maximale Wirkung beim Gegner zu erreichen.

**51.** Antwort c ist richtig. Bei internationalen Begegnungen muss die Länge des Spielfelds 105 m betragen. Ansonsten darf ein Spielfeld eine Länge zwischen 90 und 120 m haben.

**52.** Antwort a ist richtig. Bei einem Tennisspiel sitzt der Schiedsrichter auf einem Hochsitz an einer Seite des Spielfelds. Unterstützt wird er von mehreren Linienrichtern, die sich am Spielfeldrand befinden.

**53.** Antwort c ist richtig. Der Abstand muss 9,15 m betragen. Ist dies nicht der Fall oder stürmt ein gegnerischer Spieler zu schnell vor, muss der Freistoß wiederholt werden.

**54.** Antwort c ist richtig. Im Normalfall bekommt eine Mannschaft zwei Punkte für einen erfolgreichen Korbwurf. Bei einem gelungenen Freiwurf bekommt sie einen Punkt und bei einem Korbtreffer, der hinter der sogenannten Drei-Punkte-Linie ausgeführt wurde, erhält sie drei Punkte.

**55.** Antwort a ist richtig. Wenn ein Feldspieler im Strafraum den Ball mit der Hand spielt, gibt der Schiedsrichter einen Strafstoß. Verhindert der Spieler damit ein Tor, bekommt er die Rote Karte.

**56.** Antwort a ist richtig. Bei der olympischen Disziplin Gehen darf, im Gegensatz zum Laufen, kein sichtbarer Verlust des Bodenkontakts vorkommen. Außerdem darf das Knie des auf den Boden aufsetzenden Beines nicht gebeugt sein.

**57.** Antwort c ist richtig. Oft wird der Ball während eines Zweikampfes oder im Rahmen einer Abwehrmaßnahme ins Aus geschossen, um einen Angriff zu bremsen. Den anschließenden Einwurf übernimmt irgendein Spieler der Mannschaft, die zuletzt nicht ballführend war.

**58.** Antwort b ist richtig. Beim Lagenschwimmen werden hintereinander vier Schwimmstile zu je gleichen Teilen geschwommen: Schmetterling, Brust, Rücken und Freistil.

**59.** Antwort c ist richtig. Ist der Nebel so dicht, dass von einem Tor das andere nicht mehr zu sehen ist, muss das Spiel abgebrochen werden.

**60.** Antwort b ist richtig. Bei einem Foul oder einem Handspiel innerhalb des Strafraums gibt der Schiedsrichter einen Strafstoß, der von der Strafstoßmarke aus geschossen wird.

**61.** Antwort b ist richtig. Beim Aufschlag im Tischtennis muss der Ball zunächst auf der geöffneten Handfläche liegen und dann mindestens 16 cm senkrecht in die Luft geworfen werden, bevor er ihn mit dem Schläger trifft.

**62.** Antwort c ist richtig. Der IFAB wurde 1882 gegründet und ist bis heute die von allen Verbänden anerkannte Organisation, die die Spielregeln im Fußball bestimmt.

**63.** Antwort a ist richtig. Die Telemarklandung gilt beim Skispringen als die sicherste Landungstechnik. Man Spricht von einem Telemark, wenn der Skispringer bei der Landung den einen Ski etwas weiter nach vorn und den anderen Ski etwas weiter nach hinten schiebt.

**64.** Antwort a ist richtig. Die Abseitsregel besagt, dass ein angreifender Spieler vor dem gegnerischen Tor keinen Pass annehmen darf, wenn sich zwischen ihm und dem Torwart kein Spieler der gegnerischen Mannschaft befindet.

**65.** Antwort c ist richtig. Der Spielführer ist an der Armbinde erkennbar. Er ist der Repräsentant seiner Mannschaft und für deren Auftreten verantwortlich.

**66.** Antwort b ist richtig. Ein Tischtennisball muss einen Durchmesser von 40 mm haben. Vor der modernen Regel, dass er 40 mm Durchmesser haben muss, betrug der Durchmesser nur 38 mm. Der Ball besteht aus Zelluloid und ist innen hohl.

**67.** Antwort c ist richtig. Er ahndet dies mit einem Freistoß. Bei weniger großen Regelverstößen, wie gefährlichem Spiel, verhängt der Schiedsrichter einen indirekten Freistoß, bei dem zuvor ein zweiter Spieler den Ball berührt haben muss, bevor ein Schuss zu einem Tor führen kann.

**68.** Antwort c ist richtig. 1882 fanden in Wien die ersten internationalen Eiskunstlaufwettbewerbe statt. Die Wettkampfregeln von damals gelten im Grunde heute noch.

**69.** Antwort b ist richtig. Der Biathlon setzt sich aus der Ausdauersportart Langlauf und aus der Präzisionssportart Schießen zusammen. In Deutschland gehört Biathlon mittlerweile zu den beliebtesten Wintersportarten.

**70.** Antwort c ist richtig. Er zeigt dem Spieler die Gelbe Karte. Bei einem zweiten verwarnungswürdigen Regelverstoß während eines Spiels, wird der Spieler mit Gelb-Rot und somit mit einem Platzverweis bestraft.

**71.** Antwort c ist richtig. Im Endspiel der WM 1966 trafen Deutschland und Gastgeber England im Wembley-Stadion aufeinander. Beim Stand von 2:2 schoss der Engländer Geoff Hurst den Ball an die Latte des deutschen Tors. Der Ball prallte auf oder in die Nähe der Torlinie und wurde als Tor gewertet. England wurde damit Weltmeister. Dieses Tor wurde als Wembley-Tor bekannt und gilt als eine der am meisten umstrittenen Schiedsrichterentscheidungen im Fußball überhaupt.

**72.** Antwort a ist richtig. Stabhochsprung ist keine Disziplin beim Siebenkampf. Beim Siebenkampf werden folgende Disziplinen an zwei Tagen hintereinander ausgeführt: 100-m-Hürdenlauf, Hochsprung, Kugelstoßen, 200-m-Lauf, Weitsprung, Speerwerfen, 800-m-Lauf.

**73.** Antwort c ist richtig. Bei Weltcuprennen erreichen Abfahrt-Skifahrer Geschwindigkeiten von bis zu 130 km/h. Darum wird die Abfahrt auch als das gefährlichste aller alpinen Skirennen bezeichnet.

**74.** Antwort b ist richtig. Es fand 1872 in Glasgow statt. Die beiden Mannschaften waren Schottland und England, die sich mit 0:0 trennten.

**75.** Antwort a ist richtig. Beim Tennis ist eine vorher festgelegte Anzahl von Sätzen zu gewinnen. Ein Satz unterteilt sich in einzelne Spiele.

**76.** Antwort b ist richtig. 1896 wurde eine neue Regel eingeführt, die besagt, dass das Spielfeld frei von Bäumen und Sträuchern sein muss. Sie ist als „Jenaer Regel" bekannt.

**1.** Antwort c ist richtig Mit rund 2,2 Milliarden Anhängern ist das Christentum die größte Glaubensgemeinschaft der Welt.

**2.** Antwort b ist richtig. Die meisten der etwa 1,5 Milliarden Menschen, die sich zum Islam bekennen, leben in den arabischen Staaten, Nordafrika, Zentralasien und Indonesien.

**3.** Antwort a ist richtig. Der Name Allah heißt so viel wie „Gott, der Einzige" und soll zum Ausdruck bringen, dass es nicht mehrere Götter gibt.

**4.** Antwort a ist richtig. Mit 900 Millionen Gläubigen ist der Hinduismus nach dem Christentum und dem Islam die drittgrößte Glaubensgemeinschaft der Welt.

**5.** Antwort c ist richtig. Ein Bad im Ganges soll von allen Sünden reinwaschen. Viele Hindus lassen sich nach ihrem Tod verbrennen und ihre Asche in den Ganges streuen.

**6.** Antwort b ist richtig. Mekka liegt in Saudi-Arabien. Traditionell dürfen nur Muslime diese Stadt betreten.

**7.** Antwort c ist richtig. Die Zahl von etwa 450 Millionen kann nur geschätzt werden, da es keine genauen Angaben gibt. Die meisten Buddhisten leben in Asien.

**8.** Antwort a ist richtig. Mit etwa 14,5 Millionen Anhängern ist das Judentum eine sehr kleine Glaubensgemeinschaft. Dennoch wird es zu den Weltreligionen gezählt.

**9.** Antwort b ist richtig. Ob man als Mensch oder Tier wiedergeboren wird, darüber entscheidet das Karma, also die Summe der guten und schlechten Taten im vorherigen Leben eines Menschen.

**10.** Antwort c ist richtig. Das griechische Wort „synago" bedeutet „sich versammeln". Der hebräische Name lautet „Beth knesset", übersetzt „Haus der Versammlung". Die größte Synagoge Deutschlands steht in Berlin.

**11.** Antwort c ist richtig. Buddha bedeutet „Erwachter" oder auch „Erleuchteter". Diesen Namen nahm Siddhartha Gautama an, nachdem er seinen Weg durch Meditation gefunden hatte. Er wurde der Begründer des Buddhismus.

**12.** Antwort b ist richtig. Der Hinduismus entstand in Indien und geht auf die heiligen Schriften zurück, die vor rund 3.000 Jahren entstanden sind. Der Hinduismus ist eine der ältesten Religionen der Welt.

**13.** Antwort a ist richtig. Der Davidstern ist ein Hexagramm, ein Stern mit sechs Zacken. Er wurde nach König David benannt und war in der Antike ein bei vielen Völkern bekannter Glücksbringer. Etwa seit dem 16. Jahrhundert ist er das Symbol des Judentums.

**14.** Antwort b ist richtig. Jesus Christus hat vor rund 2.000 Jahren durch seine Predigten und sein Wirken das Christentum begründet.

**15.** Antwort b ist richtig. In den USA leben rund 6,2 Millionen Juden, während in Israel gut 5,4 Millionen Juden leben. In Deutschland leben etwa 190.000 Juden.

**16.** Antwort c ist richtig. Die Kaaba, auf Deutsch „Würfel", steht im Innenhof der großen Moschee in Mekka. In der Kaaba, einem Gebäude, das von einem schwarzen Tuch umhüllt ist, befindet sich der „schwarze Stein", den Abraham vom Erzengel Gabriel erhalten haben soll.

**17.** Antwort a ist richtig. Varanasi wird als Stadt des Gottes Shiva angesehen. Sie ist eine der ältesten Städte Indiens, liegt am Ganges und hat rund 1,2 Millionen Einwohner.

**18.** Antwort a ist richtig. Der Prophet Mohammed ist in Mekka geboren und gilt als der Religionsstifter des Islams.

**19.** Antwort c ist richtig. Christus ist das griechische Wort für Messias, was zugleich ein König und ein von Gott gesandter Retter der Menschen ist. Da Könige im alten Israel nicht gekrönt, sondern mit kostbarem Öl gesalbt wurden, ist Christus, der als Messias galt, der Gesalbte.

**20.** Antwort b ist richtig. Buddha machte keine Unterschiede zwischen Armen und Reichen, für ihn waren alle Menschen gleich.

**21.** Antwort a ist richtig. Die Beichte gibt es in allen christlichen Kirchen. In der katholischen Kirche berichtet der Gläubige in einem besonderen Beichtstuhl einem Geistlichen von seinen Sünden, die dann von dem Geistlichen vergeben werden.

**22.** Antwort b ist richtig. An Ostern wird Jesu Auferstehung von den Toten gefeiert, weshalb es von den meisten Christen als das wichtigste Fest angesehen wird.

**23.** Antwort c ist richtig. Die meisten Juden in der Antike sprachen hebräisch. Auch die jüdische „Bibel", die ungefähr dem Alten Testament entspricht, ist auf Hebräisch verfasst.

**24.** Antwort b ist richtig. Am Palmsonntag wird der Einzug Jesu in Jerusalem gefeiert. Jesu ritt auf einem Esel und die Menschen winkten ihm mit Palmenzweigen zu. Deswegen hat dieser Tag diesen besonderen Namen.

**25.** Antwort b ist richtig. Der Koran wurde vor rund 1.500 Jahren von den Anhängern Mohammeds verfasst und gilt als die wörtliche Offenbarung Gottes an den Propheten Mohammed.

**26.** Antwort a ist richtig. Der Rabbiner kümmert sich vor allem um die Mitglieder seiner Gemeinde. Ein Rabbiner ist kein Priester im christlichen Sinne, auch wenn er traditionell den Gottesdienst leitet.

**27.** Antwort c ist richtig. Der Koran besteht aus 114 Suren mit zusammen 6.326 Versen.

**28.** Antwort c ist richtig. Am Aschermittwoch wird den Katholiken in der Kirche mit Asche ein Kreuzchen auf die Stirn gezeichnet als Zeichen für Buße und Umkehr.

**29.** Antwort a ist richtig. Die ersten Veden sind um das Jahr 1.200 v. Chr. entstanden und gelten als göttliche Offenbarungen.

**30.** Antwort b ist richtig. Das Vaterunser ist ein Gebet, das im Neuen Testament der Bibel steht. Dieses Gebet stammt laut Überlieferung direkt von Jesus, der es seinen Jüngern gelehrt hat.

**31.** Antwort c ist richtig. Moksha bedeutet, aus dem ewigen Kreislauf von Geburt, Tod und Wiedergeburt auszuscheren und vom irdischen Dasein erlöst zu werden.

**32.** Antwort a ist richtig. Es wird Jesu Geburt gefeiert. Mit Ostern und Pfingsten ist Weihnachten eines der drei wichtigsten Feste der Christen.

**33.** Antwort b ist richtig. Essen ist buddhistischen Mönchen nur von morgens bis 12 Uhr mittags erlaubt. Außerdem muss etwa zwei Drittel der Nahrung aus Beilagen wie Reis bestehen.

**34.** Antwort c ist richtig. Am 6. Januar feiern katholische Christen das Fest der „Heiligen Drei Könige". Die Bibel berichtet zwar nichts von ihnen, aber von „Weisen aus dem Morgenland", die zu Christi Geburt nach Bethlehem kamen und die man später die „Heiligen Drei Könige" nannte.

**35.** Antwort a ist richtig. Da beim Rasenmähen bewusst auch kleine Tiere getötet werden könnten, ist diese Tätigkeit nicht erlaubt.

**36.** Antwort a ist richtig. Als Salat wird das zu verrichtende Gebet der Muslime bezeichnet. Fünf Gebete sind über den Tag verteilt: frühmorgens, mittags, nachmittags, abends und nach Sonnenuntergang.

**37.** Antwort b ist richtig. Er wurde zwar in Nepal geboren, doch nachdem er seine Erleuchtung hatte, reiste er nach Indien, wo er seine ersten Lehrreden hielt und eine Art Ordensgemeinschaft gründete und sogar von Königen unterstützt wurde.

**38.** Antwort c ist richtig. Das bekannteste Mantra ist die Silbe „Om", die der Konzentration dienen soll.

**39.** Antwort b ist richtig. Schweine gelten als unrein, denn sie sind Vierbeiner, die nicht widerkäuen. Die Regeln für diese Speisegesetze finden sich in der Thora, einem Teil der hebräischen Heiligen Schrift.

**40.** Antwort a ist richtig. Simon Petrus gehörte zu den ersten Jüngern von Jesus, der ihm auch den Titel „Petrus" gab, was „Felsen" oder „Stein" bedeutet.

**41.** Antwort b ist richtig. Das Neujahrsfest Rosch ha-Schana wird zwischen Ende September und Anfang Oktober gefeiert.

**42.** Antwort c ist richtig. Buddhistische Mönche haben außer ihrem Gewand keinen persönlichen Besitz, auch kein Geld. Das legen die Regeln Buddhas fest.

**43.** Antwort a ist richtig. An ihrem 12. Geburtstag werden Mädchen in die jüdische Gemeinde aufgenommen, Jungen erst an ihrem 13. Geburtstag. Von diesem Zeitpunkt an dürfen sie an allen religiösen Feiern teilnehmen.

**44.** Antwort b ist richtig. Nach der jüdischen Tradition ist der Tanach die Heilige Schrift der Juden. Sie besteht aus drei Hauptteilen: Thora, Nevi'im und Ketuvim.

**45.** Antwort a ist richtig. Dieses Gewand in den Farben Rot, Orange und Gelb besteht meistens aus drei Teilen: einem Untergewand, einem Obergewand und dem eigentlichen Gewand. Orange symbolisiert die höchste Erleuchtung.

**46.** Antwort c ist richtig. Er heißt Dalai-Lama, was „Ozeangleicher Lehrer" bedeutet. Seit 1940 ist Tenzin Gyatso der 14. Dalai-Lama, er gilt als Wiedergeburt des vorherigen Dalai-Lama.

**47.** Antwort b ist richtig. Der Muezzin ist kein Geistlicher, sondern ein Mitarbeiter einer Moschee, der fünfmal am Tag zum Gebet aufruft.

**48.** Antwort c ist richtig. Martin Luther wurde 1483 in Eisleben geboren und starb dort 1546. Auf der Wartburg übersetzte er 1521 das Neue Testament aus dem Lateinischen ins Deutsche.

**49.** Antwort a ist richtig. Die meisten Hindus sind Vegetarier. Doch auch jene, die Fleisch essen, verzichten auf Rindfleisch, da Kühe in den Heiligen Schriften als gottähnliche Wesen beschrieben werden.

**50.** Antwort b ist richtig. Der Petersdom wurde im 16. und 17. Jahrhundert gebaut und bietet 20.000 Menschen Platz.

**51.** Antwort b ist richtig. Der Friedensgruß bei Juden heißt Schalom und bedeutet übersetzt „Frieden". Damit wird betont, wie wichtig Harmonie und Glück im Umgang mit anderen Menschen sind.

**52.** Antwort c ist richtig. Der Vatikan liegt in Rom und ist der kleinste von der UNO anerkannte Staat der Welt. Er heißt amtlich „Staat Vatikanstadt" und wurde 1929 unabhängig. Der Papst ist das Staatsoberhaupt des Vatikanstaates.

**53.** Antwort b ist richtig. Die Konfirmation ist eine heilige Feier der evangelischen Kirche, bei dem der Konfirmand seinen Glauben bekräftigt und zu einem vollwertigen Mitglied der Kirchengemeinde wird.

**54.** Antwort a ist richtig. Es gibt bestimmte Vorräume, in denen die Schuhe aufbewahrt werden.

**55.** Antwort b ist richtig. Die 95 Thesen von Martin Luther richteten sich vor allem gegen den Ablasshandel der Kirche. Prediger ließen sich für sogenannte Ablässe bezahlen und behaupteten, dass man sich so von seinen Sünden freikaufen könnte.

**56.** Antwort b ist richtig. Mit der Kopfbedeckung bringt ein Mann in der Synagoge seinen Respekt vor Gott zum Ausdruck.

**57.** Antwort a ist richtig. Das Wort „Bibel" stammt von dem griechischen „biblos" ab, was „Buch" bedeutet, aber auch „Papyrusrolle". In der Antike waren Bücher nicht aus Seiten gebunden, sondern bestanden aus Rollen.

**58.** Antwort c ist richtig. Die Klagemauer wird als letzter Rest des im Jahr 70 n. Chr. von den Römern zerstörten Tempels angesehen.

**59.** Antwort a ist richtig. Der Ramadan ist der neunte Monat des muslimischen Kalenders, der ein reiner Mondkalender ist. Dadurch verschiebt sich der Ramadan von Jahr zu Jahr. Während des Ramadans darf von Morgengrauen bis Sonnenuntergang nichts gegessen oder getrunken werden.

**60.** Antwort b ist richtig. Mit dem Vesakh-Fest wird der Austritt Buddhas aus dem Kreislauf der Wiedergeburt gefeiert.

**61.** Antwort c ist richtig. Die Stadt Jerusalem wird deshalb als heilig angesehen, weil hier in antiker Zeit der erste und der zweite Tempel der Juden standen. Sie wurden allerdings beide zerstört.

**62.** Antwort c ist richtig. Das Verbot alkoholischer Getränke findet sich im Koran.

**63.** Antwort b ist richtig. Laut Bibel war Goliath ein Krieger der Philister, der etwa 3m groß gewesen sein soll. David war dagegen nicht einmal halb so groß.

**64.** Antwort a ist richtig. Laut Koran dürfen gläubige Muslime kein Schweinefleisch essen, weil es als unrein gilt. Auch für Juden gilt das Verbot, Schweinefleisch zu essen.

**65.** Antwort a ist richtig. Der Sabbat beginnt am Freitagabend mit dem Sonnenuntergang und endet am Samstagabend.

**66.** Antwort c ist richtig. Unter dem Begriff Karma werden alle guten und schlechten Taten oder Absichten zusammengefasst. Wer viel Gutes in seinem Leben getan hat, hofft darauf, im nächsten Leben als höheres Wesen wiedergeboren zu werden.

**67.** Antwort a ist richtig. Eine chinesische Pagode ist ein turmartiges Gebäude mit mehreren Stockwerken. Darin werden Reliquien (Gegenstände von Heiligen) aufbewahrt.

**68.** Antwort a ist richtig. Koschere Lebensmittel sind zum Beispiel alle Obst- und Gemüsearten, das Fleisch von Rindern, Schafen, Ziegen und Hirschen, Geflügel wie Huhn, Ente oder Taube sowie Fisch mit Flossen und Schuppen, die den jüdischen Regeln entsprechend geschlachtet und zubereitet wurden.

**69.** Antwort c ist richtig. Die Gebetsrichtung wird Qibla genannt und in jeder Moschee durch eine Gebetsnische angezeigt. Die Richtung gibt die Kaaba vor, die in Mekka steht.

**70.** Antwort c ist richtig. Passah (hebräisch Pessach) beginnt am Sederabend und dauert eine Woche. „Seder" ist das hebräische Wort für „Ordnung" und bedeutet, dass der Sederabend einer genau festgelegten Ordnung folgt.

**71.** Antwort c ist richtig. Das Freitagsgebet ist mit der Predigt eines Imam, eines Vorbeters, verbunden und eine Pflichtübung für alle Männer.

**1.** Antwort c ist richtig. Meteorologen verfolgen jede Wetteränderung genau und versuchen, aus den gewonnenen Daten eine Wettervorhersage zu erstellen.

**2.** Antwort b ist richtig. Der Monsun ist ein beständig wehender Wind, der halbjährig seine Richtung ändert. Weht er vom Meer, regnet es häufig und viel.

**3.** Antwort c ist richtig. Smog ist eine hohe Ansammlung von Abgasen, die gesundheitsschädlich sind. Smog ist also eine Folge der Luftverschmutzung.

**4.** Antwort b ist richtig. Besteht zwischen zwei Luftmassen ein unterschiedlicher Luftdruck, so fließt so lange Luft von dem Gebiet mit hohem Luftdruck zu dem Gebiet mit niedrigem Luftdruck, bis der Luftdruck ausgeglichen ist. Das nehmen wir als Wind wahr.

**5.** Antwort a ist richtig. Der Föhn ist ein Wind, der regelmäßig in den Alpen auftritt. Er weht von den Bergen abwärts ins Tal.

**6.** Antwort c ist richtig. Flugzeuge bilden Kondensstreifen. An den Dreckpartikeln der Flugzeugabgase kondensiert besonders leicht der Wasserdampf und bildet so diese schmalen Kondensstreifen.

**7.** Antwort b ist richtig. Der englische Apotheker Luke Howard (1772–1864) gilt als Begründer der Nephologie. Er legte viele der heute üblichen Namen für die verschiedenen Wolkenarten fest.

**8.** Antwort b ist richtig. Flauten waren früher von Seeleuten sehr gefürchtet, denn sie konnten ein Segelschiff monatelang an der gleichen Stelle halten.

**9.** Antwort a ist richtig. Diese enorme Windgeschwindigkeit von 335 km/h wurde am 12. Juni 1985 auf der Zugspitze gemessen.

**10.** Antwort b ist richtig. Die Beaufortskala wurde 1806 von dem britischen Admiral Francis Beaufort (1774–1857) entwickelt und gilt bis heute. Sie hat 12 Stufen und reicht von 1 bis 12.

**11.** Antwort b ist richtig. Nebel bildet sich besonders oft in windstillen Herbst- und Winternächten, wenn feuchte Luft stark abkühlt und dadurch kondensiert.

**12.** Antwort b ist richtig. Beim Sonnenaufgang und -untergang kann das Licht in der Atmosphäre wie in einem Prisma gebrochen und in die Spektralfarben zerlegt werden. Nicht nur die Sonne, auch die Wolken erscheinen dann rot.

**13.** Antwort a ist richtig. Da Wolken aus Wasser bestehen, ist eine hohe Luftfeuchtigkeit erforderlich. In sehr trockener Luft können sich keine Wolken bilden.

**14.** Antwort b ist richtig. Für Autofahrer kann es sehr wichtig sein, bei einer Brücke auf diesen Windsack zu achten, um auf Windböen vorbereitet zu sein, die das Auto zur Seite reißen können. Vor allem Wohnwagen und Lieferwagen sind bei starkem Wind gefährdet.

**15.** Antwort c ist richtig. Eine Bö klappt gerne Regenschirme um oder reißt Hüte von den Köpfen.

**16.** Antwort b ist richtig. Der leise Zug ist kaum spürbar. Es bilden sich leichte Kräuselwellen auf dem Wasser und der Rauch aus dem Kamin eines Hauses steigt nicht mehr gerade auf.

**17.** Antwort a. ist richtig. Bei Windstärke 12 spricht man von einem Orkan. Dann gibt es mittlere Windgeschwindigkeiten von 118 km/h und mehr.

**18.** Antwort c ist richtig. Wegen seiner Beständigkeit wurde und wird der Passat von Segelschiffen gerne zur schnellen Überquerung der Ozeane genutzt.

**19.** Antwort c ist richtig. Typisch für den Mistral sind der wolkenlose Himmel und seine Trockenheit. Tritt der Mistral bei Waldbränden auf, so sorgt er oft dafür, dass sich der Brand schnell ausbreitet.

**20.** Antwort b ist richtig. Auch die dem Wind zugekehrte Seite eines Berges wird manchmal Luvseite genannt.

**21.** Antwort a ist richtig. Der Sahel trägt oft rötlichen Sand bis in die Alpen. Gelangt dieser Sand dann mit dem Regen auf die Erde, spricht man von Blutregen, da er rötlich ist.

**22.** Antwort a ist richtig. Der Schall bewegt sich mit 331,5 m in der Sekunde in der Atmosphäre. Da das Licht noch viel schneller ist, können wir manchmal bestimmte Ereignisse sehen, bevor wir sie hören.

**23.** Antwort b ist richtig. Die Ozonschicht befindet sich in etwa 20 bis 40 km Höhe und besteht aus Ozon. Ozon ist ein Molekül aus drei Sauerstoffatomen.

**24.** Antwort b ist richtig. Der erste Satellit „Sputnik" wurde 1957 von der Sowjetunion gestartet. Dank dieser Technologie können Meteorologen die Wolkenbewegungen von oben fotografieren und filmen.

**25.** Antwort a ist richtig. Dunst besteht wie Wolken aus winzigen Wassertropfen, kann sich jedoch auch aus Abgasen, Staub und Ruß bilden.

**26.** Antwort c ist richtig. Haloerscheinungen sind oft bei dünnen hohen Wolken zu beobachten. Sie entstehen durch Brechung, Beugung oder Spiegelung der Lichtstrahlen an den kleinen Eisteilchen der Wolken.

**27.** Antwort b ist richtig. Der Samum ist ein sehr gefürchteter, heißer Wüstenwind. „Samum" ist ein arabisches Wort und bedeutet „Giftwind".

**28.** Antwort b ist richtig. Tornados sind stark rotierende Luftsäulen, die aus Gewitterwolken nach unten wachsen und den Erdboden erreichen. Sie sehen aus wie ein Rüssel und sind sehr zerstörerisch.

**29.** Antwort b ist richtig. Eis ist glatt, weil durch die Reibung beim Darüberlaufen eine Wasserschicht gebildet wird, die rutschig ist. Das Eis an sich ist nicht rutschig.

**30.** Antwort a ist richtig. Die Thermik wird von Vögeln und Segelfliegern genutzt, um an Höhe zu gewinnen.

**31.** Antwort a ist richtig. Tropische Wirbelstürme entstehen über dem Meer, dessen Wasser 26 °C und wärmer sein muss. So können große Mengen Wasser verdampfen und sich Wolken bilden.

**32.** Antwort c ist richtig. Der Donner entsteht durch die plötzliche Ausdehnung der Luft. Dies ist eine Folge der starken Hitzeentwicklung, die ein Blitz verursacht.

**33.** Antwort c ist richtig. Mit einer Windgeschwindigkeit von über 250 km/h wird ein Hurrikan als „verwüstend" eingestuft und entspricht der höchsten Kategorie der Hurrikan-Skala.

**34.** Antwort b ist richtig. Perlschnurblitze sind sehr selten. Sie entstehen, wenn sich kein durchgehender Blitzkanal zwischen Wolke und Erde bilden kann.

**35.** Antwort b ist richtig. Diese 10 min können jedoch ausreichen, um viele Häuser zu zerstören. Tornados sind so gefürchtet, weil sie sehr plötzlich entstehen können.

**36.** Antwort c ist richtig. Die Höhe von 8,3 m wurde zwar auf der Zugspitze gemessen, doch können diese Höhen in Schneeverwehungen während Schneestürmen auch in Norddeutschland erreicht werden.

**37.** Antwort a ist richtig. Wenn der Wind in Richtung Land weht, drückt er das Wasser in die Bucht, wo es sich aufstaut und gegen die Deiche drückt. So kommt es zu einer Sturmflut.

**38.** Antwort c ist richtig. Wärmegewitter entstehen im Sommer durch schnell aufsteigende, über dem Boden erwärmte Luft, die sich in großer Höhe wieder abkühlt.

**39.** Antwort b ist richtig. Ohne den Golfstrom, der seinen Namen dem Golf von Mexiko verdankt, wären die Winter in Europa viel kälter und auch länger. Er sorgt also für ein mildes, angenehmes Klima.

**40.** Antwort c ist richtig. Den Anteil von 21 % hat der Sauerstoff vor etwa 350 Millionen Jahren erreicht. In der Uratmosphäre gab es zunächst keinen Sauerstoff, der kam erst mit der Entstehung der ersten Bakterien hinzu.

**41.** Antwort c ist richtig. Man kann auch von dem Klima einer bestimmten Region sprechen, etwa vom tropischen Klima oder vom Polarklima.

**42.** Antwort b ist richtig. Wann genau der Weltraum beginnt, ist Ansichtssache. Für die Internationale Luftfahrtvereinigung liegt die Grenze bei 100 km Höhe, für die NASA beginnt der Weltraum schon in 80 km Höhe.

**43.** Antwort a ist richtig. Im Juni sorgt die jährliche Großwetterlage oft dafür, dass kalte Polarluft nach Mitteleuropa gelangt. Der Name „Schafskälte" ist den Schäfern zu verdanken, die früher Angst um ihre bereits geschorenen Schafe hatten.

**44.** Antwort b ist richtig. Die Temperatur von -45,9 °C wurde am 24. Dezember 2001 am Funtensee in Bayern gemessen.

**45.** Antwort c ist richtig. Die größte je gesehene Schneeflocke hatte einen Durchmesser von 38 cm. Der mittlere Durchschnitt beträgt aber nur 0,5 cm Durchmesser.

**46.** Antwort a ist richtig. Lawinen gefährden nicht nur Skifahrer, sondern können ganze Ortschaften zerstören.

**47.** Antwort c ist richtig. Es gibt etwa 2.000 bis 3.000 Gewitter pro Tag. Jede Sekunde schlagen irgendwo auf der Welt rund 100 Blitze ein. In 24 Stunden sind das etwa 10 Millionen Blitze.

**48.** Antwort c ist richtig. Die Luft wird auf 30.000 °C erhitzt. Diese Temperatur ist etwa fünfmal höher als die Temperatur auf der Oberfläche der Sonne.

**49.** Antwort c ist richtig. 70,7 °C wurden im Jahre 2007 in der iranischen Wüste gemessen. Allerdings wurde die Messung über eine Satellitenbeobachtung gewonnen und nicht vor Ort gemessen.

**50.** Antwort b ist richtig. Es gibt ca. 30 Sommertage in Deutschland pro Jahr. Ein Tag mit einer Höchsttemperatur von mindestens 25 °C gilt als „Sommertag". Ist es wärmer als 30 °C, gilt er sogar als „heißer Tag".

**51.** Antwort a ist richtig. Diese Höhe von 2 m reicht aus, um Beeinflussungen durch die Wärme des Bodens auszuschließen. Außerdem sind die Messgeräte in dieser Höhe noch einfach zu bedienen.

**1.** Antwort a ist richtig. Das Wort „Ritter" kommt von Reiter. Als Ritter bezeichnet man einen vornehmen Reiterkrieger, der mit Pferd und Rüstung ausgestattet war und im Heer eines Königs oder Fürsten diente.

**2.** Antwort c ist richtig. Als Bürger bezeichnete man im Mittelalter die Bewohner eines Burgortes, einer befestigten Stadt oder eines Marktortes.

**3.** Antwort a ist richtig. Als Ritter ausgebildet wurden nur Jungen, meist die Söhne von Adeligen, aber auch die Dienstleute hatten die Möglichkeit, Ritter zu werden.

**4.** Antwort b ist richtig. Speisen wurden im Mittelalter fast ausschließlich mit Honig gesüßt. Zucker war durch die Kreuzfahrer im 11. Jahrhundert nach Europa gekommen. Es wurde als „weißes Gold" bezeichnet und blieb lange Zeit den Reichen vorbehalten.

**5.** Antwort a ist richtig. Das Getränk Kaffee kannte man im Mittelalter in Europa noch nicht. Das erste europäische Kaffeehaus wurde ca. 1545 in Istanbul eröffnet.

**6.** Antwort c ist richtig. Im Mittelalter trugen Männer und Frauen sogenannte Schnabelschuhe, die sehr spitz und lang waren. Je länger der Schuh, desto bedeutender war sein Träger.

**7.** Antwort a ist richtig. Die Armen im Mittelalter ernährten sich hauptsächlich von Brot und Hirsebrei. Dazu gab es manchmal etwas Gemüse. Fleisch aß man nur sehr selten, weil es zu teuer war.

**8.** Antwort c ist richtig. Flaschen wurden im Mittelalter in der Regel aus Zinn oder Blech hergestellt.

**9.** Antwort b ist richtig. Üblich waren zwei Mahlzeiten am Tag: das Mittagessen zwischen zehn und elf Uhr vormittags und das Abendessen zwischen vier und sieben Uhr nachmittags bzw. abends.

**10.** Antwort c ist richtig. Im Mittelalter waren meistens Klostermediziner und Wunderheiler für die medizinische Versorgung der Bevölkerung zuständig. Die Menschen glaubten, dass Krankheiten von Gott gesandt wurden, und waren vor allem am Erhalt einer frommen Seele interessiert.

**11.** Antwort c ist richtig. Jeder Ritter war seinem Dienst- oder Lehnsherrn, einem reichen Adeligen oder Geistlichen, zur Treue verpflichtet.

**12.** Antwort a ist richtig. Erst seit dem 12./13. Jahrhundert waren Ritter angesehene Leute, weil sie mit den Landesfürsten in den Krieg zogen und ihr Land verteidigten.

**13.** Antwort c ist richtig. Im Mittelalter legte man in Europa großen Wert auf eine christliche Erziehung bei den Kindern und Jugendlichen.

**14.** Antwort b ist richtig. Verantwortlich für die Erziehung der kleineren Kinder war ihre Mutter. Wenn die Söhne fünf Jahre alt waren, übernahm meist ein Kaplan den Unterricht.

**15.** Antwort a ist richtig. Die Ausbildung zum Ritter begann im Alter von sieben Jahren und man musste mehrere Stufen durchlaufen, bis die endgültige Ernennung zum Ritter vollzogen wurde.

**16.** Antwort a ist richtig. Ein ritterlicher Mensch ist fair und kann sich gut benehmen. Er kämpft für die gute Sache und setzt sich für Schwächere ein.

**17.** Antwort a ist richtig. Die Ritterausbildung fand an einem fremden Adelshof, zum Beispiel auf der Burg eines befreundeten Adeligen der Eltern, statt.

**18.** Antwort c ist richtig. Jungen und junge Männer, die zum Ritter erzogen wurden, nannte man Pagen und Knappen.

**19.** Antwort b ist richtig. Mit 14 Jahren wurde der Page zum Knappen. Mit ca. 21 Jahren nahm man den Knappen in einer feierlichen Zeremonie in den Ritterstand auf.

**20.** Antwort b ist richtig. Beim Ritterschlag wurde dem Knappen mit der Handkante in den Nacken geschlagen. Oder ein Ritter berührte die linke Schulter des vor ihm knienden Knappen mit der Schwertklinge.

**21.** Antwort c ist richtig. Der etwa 12- bis 15-jährige Knappe begleitete den Ritter in der Schlacht und musste dem Ritter während der Kampfhandlungen stets zur Verfügung stehen.

**22.** Antwort b ist richtig. Die Zeremonie, bei der ein Knappe in den Ritterstand aufgenommen wurde, hieß in Deutschland Schwertleite.

**23.** Antwort c ist richtig. Der Burgherr warb im Kriegsfall zusätzlich zu den in seinem Haushalt lebenden Rittern Berufssoldaten (Söldner) und andere Ritter an, die er bezahlen musste.

**24.** Antwort a ist richtig. Im heutigen Sprachgebrauch kämpft man mit „offenem Visier", wenn man sich mit eindeutigen Mitteln für eine Sache einsetzt und sich dazu offen bekennt.

**25.** Antwort c ist richtig. Die Ritterrüstung wurde von einem Waffenschmied aus Eisen oder Stahl hergestellt.

**26.** Antwort a ist richtig. Das Kettenhemd schützte den Ritter vor fast allen Waffen seines Gegners. Manche Stiche von der Schwert- oder Lanzenspitze und spitze Pfeile konnte es aber nicht abhalten.

**27.** Antwort b ist richtig. Eine Rüstung wog etwa 22 kg. Zusammen mit Waffen und Schild musste ein Ritter mit seiner Rüstung ca. 30 kg tragen.

**28.** Antwort b ist richtig. Unter der Rüstung trugen die Ritter lange Beinlinge, ein Unterhemd und Stiefel. Oft war die Kleidung wattiert, um ein Wundreiben der Haut zu verhindern.

**29.** Antwort c ist richtig. Die schwere Rüstung wurde bei Turnieren und Übungen sowie im Kriegsfall angelegt.

**30.** Antwort c ist richtig. Mit ihren schweren Rüstungen konnten die Ritter im späten Mittelalter nicht allein aufs Pferd steigen. Man musste sie mit Kränen aufs Pferd hieven und im Sattel festbinden.

**31.** Antwort b ist richtig. Auch mit der Plattenrüstung waren nicht alle Körperteile des Ritters geschützt. Seine Gegner zielten vor allem auf die ungeschützten Achselhöhlen, den Hals und den Bereich zwischen den Beinen.

**32.** Antwort c ist richtig. Das Wappen bewies, dass der Ritter einer adeligen Familie angehörte. Außerdem konnte er in der Schlacht nicht so leicht mit einem Gegner verwechselt werden.

**33.** Antwort c ist richtig. Der Streithammer war eine im 15. und 16. Jahrhundert verwendete Waffe, mit der man einen Gegner trotz Rüstung verwunden konnte.

**34.** Antwort b ist richtig. Das Schwert eines Ritters war in der Regel 1,3–1,8 kg schwer und sehr scharf geschliffen.

**35.** Antwort a ist richtig. Lanze, Schwert und Hellebarde waren die klassischen Waffen eines Ritters. Er hatte auch noch andere Waffen wie den Wurfspeer oder den Bogen. Diese wurden jedoch meist nur zur Jagd benutzt.

**36.** Antwort c ist richtig. Wenn man „für jemanden eine Lanze bricht", setzt man sich für ihn ein und verteidigt ihn.

**37.** Antwort b ist richtig. Ungefähr 20 bis 25 Bewaffnete verteidigten eine Burg bei Angriffen.

**38.** Antwort b ist richtig. Das erste Ritterturnier fand vermutlich im Jahre 1127 in der Stadt Würzburg statt.

**39.** Antwort c ist richtig. Um den Kampfplatz herum waren Tribünen aufgebaut, die mit Bannern und Wappen geschmückt waren. Hier saßen als Zuschauer der Burgherr mit seiner Familie und seinem Gefolge, adelige Gäste und deren Gefolgsleute.

**40.** Antwort b ist richtig. Turniere waren ursprünglich Kampfspiele von Rittern, dienten aber später vor allem als Schau zur Unterhaltung des Volkes.

**41.** Antwort a ist richtig. Der Verlierer in einem Turnier musste sein Pferd und seine Rüstung sowie einen gewissen Geldbetrag an den Sieger abgeben. Ein Turnier konnte also eine gute Einnahmequelle für den siegenden Ritter sein.

**42.** Antwort c ist richtig. Der Bau einer Burg dauerte mehrere Jahre. Das Baumaterial musste man über Seilzüge nach oben schaffen.

**43.** Antwort b ist richtig. Ritter, die sich keine Burg leisten konnten, wohnten in Ritterhäusern auf dem Land.

**44.** Antwort a ist richtig. Die Zugbrücke, die zur Sicherung der Eingänge der Burg über Gräben oder natürliche Gewässer angelegt wurde, ist beweglich und kann bei Gefahr eingezogen werden.

**45.** Antwort c ist richtig. Viele Burgen hatten noch keine Glasfenster und die Böden aus Lehm oder Ziegelstein waren sehr kalt. Fensterglas war nämlich sehr teuer, nur die Reichen konnten es sich leisten.

**46.** Antwort b ist richtig. Der Bergfried war der unbewohnbare Hauptturm der Burg. Er war von einer Ringmauer umgeben und überragte die umliegenden Gebäude.

**47.** Antwort a ist richtig. Auf großen Burgen wurde tief in die Erde ein Brunnen gegraben. Das war ein großer Luxus für die Burgbewohner, da sie immer frisches Wasser hatten.

**48.** Antwort b ist richtig. Die längste Burganlage Europas, die Burghauser Burg, ist ungefähr 1.000 m lang.

**49.** Antwort a ist richtig. Die Wohnräume einer Burg mussten oft ausgemistet werden, weil dort zum Wärmen Stroh ausgelegt war, in dem sich leider auch Ungeziefer und Unrat sammelte.

**50.** Antwort b ist richtig. Das Recht zum Burgenbau war ein Vorrecht des Königs, der es jedoch an seine Getreuen weiterverleihen konnte. Mit dem Bau einer Burg wollten die Adeligen ihre Macht zeigen.

**51.** Antwort a ist richtig. In jeder christlichen Burg befanden sich eine Kapelle und ein Wehrgang.

**52.** Antwort c ist richtig. Brände waren in Friedenszeiten die größte Gefahr für die Burgbewohner. Denn Holz war ein wesentlicher Bestandteil beim Bau einer Burg und leicht entzündlich.

**53.** Antwort c ist richtig. Im Mittelalter gab es Toiletten in Form von Nischen und Erkern an der Außenmauer (Abtritterker). Hier befand sich eine Steinplatte mit einem runden Loch, auf die man sich setzte.

**54.** Antwort a ist richtig. Der Burgherr übernahm zusammen mit seinem Verwalter und dem Schatzmeister Verwaltungsaufgaben. Er zog Abgaben, Geld, Steuern und Feldfrüchte von seinen Untertanen ein.

**55.** Antwort b ist richtig. Die Burgherrin war für die Erziehung der Kinder und für die Überwachung und Organisation des Haushalts zuständig.

**56.** Antwort b ist richtig. Minnesang nennt man die schriftlich überlieferten und meist in Liedform vorgetragenen Liebesgedichte, in denen im Mittelalter die Burgherrinnen und Edelfräulein verehrt wurden.

**57.** Antwort c ist richtig. Troubadour nannte man einen Sänger am ritterlichen Hofe, der nach streng festgelegten Regeln seine Minnelieder vortrug.

**58.** Antwort a ist richtig. Lautes Lachen und ein weit geöffneter Mund waren im Mittelalter bei Geistlichen und Adeligen verpönt. Ein Grund dafür könnten die schlechten Zähne gewesen sein.

**59.** Antwort c ist richtig. In Friedenszeiten lebten etwa drei Ritter und ein paar bewaffnete Soldaten mit im Haushalt des Burgherrn. Bei Gefahr musste der Burgherr weitere Ritter und Soldaten anheuern.

**60.** Antwort a ist richtig. Schach und Backgammon waren schon im Mittelalter bekannt. Schach gehörte seit dem Beginn des 13. Jahrhunderts zu den sieben Tugenden, die Ritter beherrschen mussten.

**61.** Antwort c ist richtig. Für Adelige im Mittelalter war es üblich, mindestens einmal pro Tag ein Bad zu nehmen.

**62.** Antwort b ist richtig. Im Spätmittelalter flochten Frauen ihre Haare zu kunstvollen Haarmuscheln oder formten daraus Walzen, Kugeln oder Hörner, die mit Haarnetzen befestigt wurden.

**63.** Antwort c ist richtig. Zähneputzen war im Mittelalter nicht üblich. Doch nach Abschluss des Mahls kaute man Gewürze wie Kardamom oder Süßholz.

**64.** Antwort c ist richtig. Als Hofnarr wurde im Mittelalter ein Spaßmacher bezeichnet, der auf einer Laute, einem Zupfinstrument, für musikalische Unterhaltung auf Festen sorgte und dabei meistens recht auffällig gekleidet war.

**65.** Antwort b ist richtig. Purpurrote Gewänder trug nur der Hochadel (Könige, Fürsten, Herzöge), da der zum Färben notwendige Farbstoff, gewonnen aus der Purpurschnecke, sehr teuer war.

**66.** Antwort c ist richtig. Sich vor dem Essen die Hände zu waschen, war selbstverständlich. Diener oder Pagen gossen dabei den Edelleuten und ihren Gästen parfümiertes Wasser über die Hände.

**67.** Antwort a ist richtig. Fleisch wurde aus flachen Brotscheiben gegessen. Nachdem das Fleisch mit Soße aufgegessen war, wurden die Brotteller an die Armen verteilt.

**68.** Antwort c ist richtig. Im Mittelalter aß man auch bei Hofe vor allem mit den Fingern und einem Holzlöffel. Zur Zerkleinerung von Fleisch verwendete man allerdings ein Messer.

**69.** Antwort a ist richtig. Im Mittelalter war es bei Hofe erlaubt, sich mit dem Tischtuch den Mund abzuwischen. Es war aber unter Strafe verboten, sich damit die Nase oder die Stiefel zu putzen.

Umschlaggestaltung von Götz Rohloff – Die Buchmacher, Köln,
unter Verwendung eines Fotos von Hans-Florian Hopfner, megaherz
und Illustrationen von Götz Rohloff – Die Buchmacher, Köln

Dieser Band besteht aus überarbeiteten und ausgewählten Fragen aus folgenden Titeln:

Willi Wills Wissen – Wetter; Quiz dich schlau; Bernd Flessner
© 2006, 2009 Franckh-Kosmos Verlags-GmbH & Co., Stuttgart
Willi Wills Wissen – Ritter; Quiz dich schlau; Anita van Saan
© 2006 Franckh-Kosmos Verlags-GmbH & Co., Stuttgart
Willi Wills Wissen – Fußball; Quiz dich schlau; Bernd Flessner
© 2007 Franckh-Kosmos Verlags-GmbH & Co., Stuttgart
Willi Wills Wissen – Tiere; Quiz dich schlau; Anita van Saan
© 2007, 2008 Franckh-Kosmos Verlags-GmbH & Co., Stuttgart
Willi Wills Wissen – Wale & Delfine; Quiz dich schlau; Anita van Saan
© 2007, 2010 Franckh-Kosmos Verlags-GmbH & Co., Stuttgart
Willi Wills Wissen – Pferde; Quiz dich schlau; Bernd Flessner
© 2007 Franckh-Kosmos Verlags-GmbH & Co., Stuttgart
Willi Wills Wissen – Religionen; Quiz dich schlau; Bernd Flessner
© 2007 Franckh-Kosmos Verlags-GmbH & Co., Stuttgart
Willi Wills Wissen – Wunder dieser Welt; Quiz dich schlau; Heike Herrmann
© 2009 Franckh-Kosmos Verlags-GmbH & Co., Stuttgart
Willi Wills Wissen – Städte, Länder, Flüsse; Quiz dich schlau; Martina Gorgas
© 2007, 2010 Franckh-Kosmos Verlags-GmbH & Co., Stuttgart
Willi Wills Wissen – Polizei; Quiz dich schlau; Bernd Flessner
© 2007 Franckh-Kosmos Verlags-GmbH & Co., Stuttgart
Willi Wills Wissen – Feuerwehr; Quiz dich schlau; Martina Gorgas
© 2007 Franckh-Kosmos Verlags-GmbH & Co., Stuttgart
Willi Wills Wissen – Tolle Erfindungen; Quiz dich schlau; Anita van Saan
© 2007 Franckh-Kosmos Verlags-GmbH & Co., Stuttgart

Weitere Fragen von Anna-Maria Bodmer und Elko Lerche.

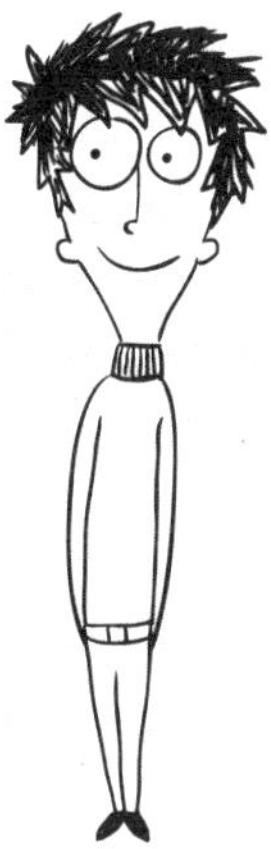



FSC www.fsc.org
MIX
Papier aus verantwortungsvollen Quellen
FSC® C014496

Gedruckt auf chlorfrei gebleichtem Papier


ISBN: 978-3-440-13377-4
Redaktion: Janine Hartenstein, Jana Raasch
Gestaltung und Satz: Götz Rohloff, Ortrud Müller – Die Buchmacher, Köln
Produktion: Verena Schmynec
Printed in Germany / Imprimé en Allemagne